岸线资源调查与评价丛书

长江经济带岸线资源分类分级技术规范

段学军 邹 辉 王晓龙 等 著

科学出版社

北 京

内 容 简 介

本书在归纳国内外岸线资源分类分级技术相关研究成果和长期研究实践经验的基础上，建立了一整套从现状调查到评价分区的岸线资源分类分级技术规范。全书共 4 章，内容包括岸线资源定义与分类划定、岸线资源开发适宜性评价技术、岸线资源生态敏感性评价技术、岸线资源空间管控分类技术等。

本书可供从事涉及内河、湖泊、沿海岸线资源的城市与区域规划、产业布局、航运交通、环境科学、生态学、水利与流域管理、地理信息数据库构建等方面的科研人员、工程技术人员、管理人员和高等院校的有关专业师生参阅。

图书在版编目（CIP）数据

长江经济带岸线资源分类分级技术规范/段学军等著. —北京：科学出版社，2020.5

（岸线资源调查与评价丛书）

ISBN 978-7-03-064920-1

Ⅰ. ①长… Ⅱ. ①段… Ⅲ. ①长江经济带-自然资源-分类-技术规范②长江经济带-自然资源-分级-技术规范 Ⅳ. ①F124.5-65

中国版本图书馆 CIP 数据核字（2020）第 068248 号

责任编辑：周 丹 曾佳佳/责任校对：杨聪敏
责任印制：师艳茹/封面设计：许 瑞

科学出版社 出版
北京东黄城根北街 16 号
邮政编码：100717
http://www.sciencep.com
三河市春园印刷有限公司 印刷
科学出版社发行 各地新华书店经销
*
2020 年 5 月第 一 版 开本：720×1000 1/16
2020 年 5 月第一次印刷 印张：7
字数：136 000

定价：99.00 元

前　　言

　　岸线资源是指占用一定范围水域和陆域空间的水土结合的国土资源，其处于水陆交界地带，是港口、临港产业及城镇布局的空间，亦是污染物拦截的最后屏障和水生生物重要的栖息地，具有重要的生产、生活和生态功能，对沿岸地区乃至更大范围腹地的经济社会发展、环境保护改善、生态安全维护发挥着核心作用，成为河流、湖泊、海岸沿岸国土空间规划和生态空间管控极其关键的区域与环节。《中共中央　国务院关于建立国土空间规划体系并监督实施的若干意见》（中发〔2019〕18 号）指出"修订完善国土资源现状调查和国土空间规划用地分类标准"。《自然生态空间用途管制办法（试行）》（国土资发〔2017〕33 号）指出自然生态空间"涵盖需要保护和合理利用的森林、草原、湿地、河流、湖泊、滩涂、岸线……"，明确将岸线列入自然生态空间。《自然生态空间用途管制试点方案》指出"各试点地区要在土地、森林、草原、湿地、水域、岸线、海洋和生态环境等调查标准基础上，建立调查评价标准"，明确提出对包括岸线在内的自然生态空间建立调查评价标准的要求。然而，岸线资源分类分级调查评价标准规范缺失，使得相关研究工作和管理工作遇到瓶颈。

　　本书是在中国科学院科技服务网络计划（STS 计划）"长江经济带岸线资源调查与评估"（KFJ-STS-ZDTP-011）项目资助下完成，同时也是该项目实施过程中方法技术的归纳与总结。后期在承担中国国土勘测规划院、中国地质调查局南京地质调查中心、中国环境科学研究院等单位委托项目过程中，对技术方面进行了进一步的完善和实践应用，以期服务于岸线资源调查评价、空间规划、战略环评等相关工作的开展。全书由段学军负责总体设计，邹辉、王晓龙、闵敏、杨清可负责主要内容的编写，参与编写的还有郑利林、陈维肖、靳婷婷等。

　　本书的完成要特别感谢中国科学院科技促进发展局的大力支持，感谢中国科学院南京地理与湖泊研究所虞孝感研究员和曹有挥研究员的倾心指导，感谢中国科学院南京地理与湖泊研究所杨桂山研究员、中国科学院地理科学与资源研究所王传胜研究员等专家在长江岸线领域的研究成果为本书编写提供思路与借鉴，感谢中国国土勘测规划院左玉强主任、生态环境部环境工程评估中心王占朝博士、中国环境科学研究院李小敏主任和赵玉婷高级工程师等在技术方法应用实践和修改完善过程中提供的协助和建议。感谢科学出版社编辑在本书出版过程中的辛勤付出。

岸线资源相关技术规范研究尚处于起步阶段，本书虽然力求方法完善、考虑全面，但由于时间紧、涉及面广、问题复杂，加之编著者水平有限，书中疏漏之处在所难免，恳请广大读者批评指正，以便在后续工作中加以改进。

作　者

2020 年 2 月

目　　录

第1章 岸线资源定义与分类划定

1.1 岸线资源的属性与价值

自然资源是指具有社会有效性和相对稀缺性的自然物质或自然环境的总称。联合国对自然资源的含义解释为:"人在其自然环境中发现的各种成分,只要它能以任何方式为人类提供福利的都属于自然资源。从广义上来说,自然资源包括全球范围内的一切要素,它既包括过去进化阶段中无生命的物理成分,如矿物,又包括地球演化过程中的产物,如植物、动物、景观要素、地形、水、空气、土壤和化石资源等"(蔡运龙,2011)。自然资源是一个相对的概念,随着社会生产力水平的提高和科学技术的进步,先前尚不知其用途的自然物质逐渐被人类发现和利用,自然资源的种类日益增多,自然资源的概念也不断地被深化和发展。在国土开发利用中,自然资源包括土地资源、气候资源、水资源、生物资源、矿产资源、海洋资源、能源资源、旅游资源等。

随着滨岸带开发活动的增多,尤其是港口航运对岸线开发需求的增大,人们对于岸线的认识逐步突破了水文地貌学的概念,而认识到岸线也是一种资源(陈雯,1996;虞孝感,1997;杨桂山等,1999;段学军等,2006),一方面它在数量上是有限的,不可能无限使用;另一方面它有开发的价值,其大小取决于区位、港口、城镇和过江通道建设条件以及旅游潜力等。岸线资源是土地资源概念的拓展,是在土地资源基础上叠加岸线在港口航运、城市生活、生态系统保护方面的独特属性,融合土地资源、水资源以及生态等内涵的新型资源。岸线资源概念为江河两侧与湖泊海洋周边一定范围的水域和陆域空间范围内一切可被人类开发和利用的空间以及物质、能量和信息的总和,具体空间范围与利用方式和上下游以及不同区段后方陆域地貌条件有关。岸线资源既具有行洪、调节水流和维护水生生态系统健康等自然与生态环境功能属性,同时又在一定情况下具有开发利用价值的土地资源属性,是一种可满足多种开发利用方式的空间资源(段学军等,2019b)。

岸线资源是一种特殊的自然资源,涉及土地资源、水资源、生物资源等。岸线资源作为自然资源的重要类型,同其他自然资源一样,对人类的生存与发展以及多方面的需求具有极其重要的功能价值,包含生态价值、经济价值等方面。

1.2　岸线资源的定义与空间范围

已有研究表明（郑弘毅，1991；张谦益，1998；王传胜，1999，2000，2002），从地理学角度讲，河流岸线包括枯水水位线至洪水水位线之间的范围，还包括人工堤、河流阶地范围，不仅表现当前的地貌形态，也要充分考虑历史河流地貌演变过程与未来的发展趋势；海岸线是海洋与陆地的分界线，更确切的定义是海水到达陆地的极限位置的连线，随潮水涨落而变动，实际的海岸线应该是高低潮间无数条海陆分界线的集合，它在空间上是一条带，而不是一条地理位置固定的线。

从现有行政管理角度讲，岸线多指一定水位下水域与陆域的交线。岸线的范围为临水控制线与外缘控制线之间的区域。临水控制线是指为稳定河势、保障河道行洪安全和维护河流健康生命的基本要求，在河岸的临水一侧顺水流方向或湖泊沿岸周边临水一侧划定的管理控制线。外缘控制线一般是指河（湖）堤防工程背水侧管理范围的外边线，对无堤段河道以设计洪水位与岸边的交界线作为外缘控制线。

港口码头岸线是码头建筑物靠船一侧的竖向平面与水平面的交线，即停靠船舶的沿岸长度。它是决定码头平面位置和高程的重要基线。

可以发现，不同部门对岸线的定义存在不同的理解，岸线的内涵与范围亦难以统一。研究中将进一步开展岸线资源的理论研究，界定岸线资源内涵与范围。

传统意义上的岸线具有明确的"线"的概念，一般是沿岸外围线，亦即水面与陆地接触的分界线。实际生产和科研中广泛使用的岸线概念，远不仅限于一条可能被随时彻底改变的水陆域自然分界线，而是一个包含着充分发挥自然岸线利用价值所必需的一定水、陆域范围的条形或带状区域。

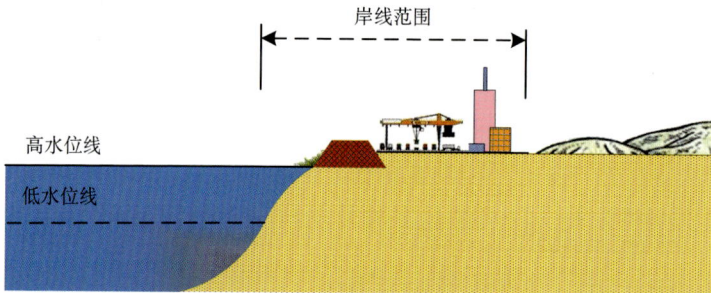

图 1-1　岸线范围示意图

　　因此，岸线是一个空间概念，其处于水域和陆域的交界地带，包括一定范围内的水域和陆域，向陆可延伸至岸线空间占用所及的距离（图 1-1），基于岸线资源利用与水域及陆域的空间关系及影响，其范围一般向水域延伸 200～500m，向陆域延伸 500～1000m。

1.3　岸线资源类型

　　从岸线资源自然属性、经济属性、管理要求等方面确定岸线资源分类的原则，综合国内岸线资源分类已有研究成果和前期研究基础（王传胜，1999，2000，2002；黄家柱，1999；施少华等，2002a，2002b；尹静秋，2004；李新国等，2005；王红娟等，2006；曹卫东等，2006a，2006b，2008；罗彬，2010；潘坤友等，2013；陈诚和甄云鹏，2014；付元宾等，2014；陈欢等，2015；梁双波等，2018，2019；林静柔等，2019；张云等，2019；邹辉等，2019；段学军等，2016，2018，2019a），识别岸线资源开发利用活动，划定岸线资源类型。根据岸线所处水域位置，拟将岸线资源分为海岸线、湖岸线与内河岸线三大类。岸线资源的开发利用总是反映在岸线向水域、陆域延伸一定范围的空间占用，鉴于内河岸线与湖岸线利用类型相近，而海岸线利用相对具有特殊性，重点考虑岸线自然本底、生态价值、经济价值、人类活动干扰与占用等影响分类的因素。

　　岸线资源价值体现在岸线资源自然本底、社会经济条件及人类活动的空间差异性。岸线资源分类拟从滨岸水域、水陆交互带、水陆隔离带、后方陆域等方面开展分类影响因素研究（图 1-2，图 1-3），形成岸线资源现状类型统计表（表 1-1）。

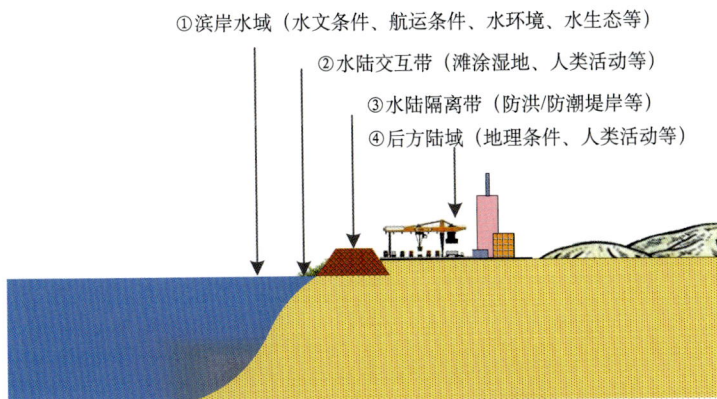

①滨岸水域（水文条件、航运条件、水环境、水生态等）

②水陆交互带（滩涂湿地、人类活动等）

③水陆隔离带（防洪/防潮堤岸等）

④后方陆域（地理条件、人类活动等）

图 1-2　岸线资源分类考虑因素示意图

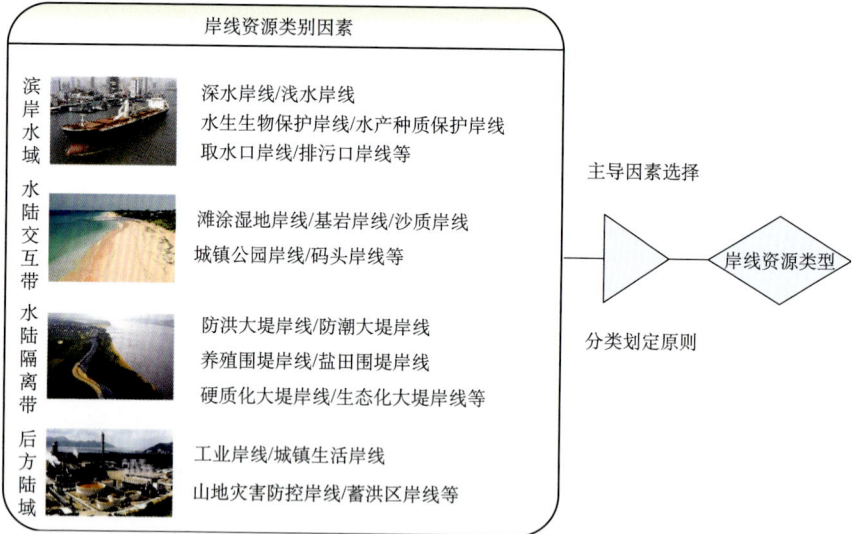

图 1-3　岸线资源分类划定技术路线

（1）滨岸水域重点考察水文条件、航运条件、水环境条件、水生态条件等。

（2）水陆交互带重点考虑交互介质（滩涂湿地、基岩、沙质等）、港口码头、城镇公园等。

（3）水陆隔离带重点考虑防洪堤、防潮堤及堤岸的介质和建设方式。

（4）后方陆域重点考虑地理条件（如地形地貌等）、人类活动（港口码头堆场、工厂、城镇住宅、盐田、农业等）。

表 1-1　岸线资源现状类型

一级类		二级类		含义
编码	名称	编码	名称	
1		11		
		12		
		13		
		…		
2		21		
		22		
		23		
		…		
3		31		
…	…	…	…	…

1.4　岸线资源分类划定

1.4.1　长江干流岸线资源分类划定标准

长江干流岸线资源分为自然岸线与开发岸线，自然岸线包括生态岸线及农业岸线，开发岸线包括港口码头岸线、工业生产岸线、城镇生活岸线及其他开发岸线（表 1-2）。

表 1-2　长江干流岸线资源分类定义、划定标准及图例

一级类	二级类	定义	划定标准	图例
1 自然岸线	11 生态岸线	岸线及后方陆域1km范围内无港口码头、工业生产、大规模住宅开发建设，水陆交互处于相对自然状态，表现为洲滩湿地、基岩山体等形态	滩地岸线（前沿洲滩无堤防）：以洲滩湿地后方大堤线划定	
			滩地岸线（前沿洲滩有次级堤防、洲滩人类活动显著）：以洲滩前沿水陆交界线划定	
			山体岸线：水陆交界线	
	12 农业岸线	岸线及后方陆域1km范围内无港口码头、工业生产，陆域存在乡村聚落分布和农业生产活动，堤内存在水产养殖、大规模设施农业种植养殖等	农业生产生活：前沿水陆交互线	

续表

一级类	二级类		定义	划定标准	图例
2 开发岸线	21	港口码头岸线	岸线及后方陆域1km范围内存在人工修建的用于客运、货运、捕捞及工程、工作船舶停靠的场所及其附属建筑物、物流仓储场所及设施的岸线开发类型，涉及港口码头、仓储等用地类型	大中型港口：港口堆场前沿线	
				砂石码头及小散乱码头：前沿水陆交界线	
	22	工业生产岸线	岸线及后方陆域1km范围内存在工业生产、产品加工制造、机械和设备修理及直接为工业生产等服务的附属设施的岸线开发类型，涉及工业用地类型	有大堤：前沿大堤线	
				无大堤：水陆交互线	
	23	城镇生活岸线	城镇建成区范围内，岸线及后方陆域1km范围内存在住宅开发、公共服务设施开发、公园建设等岸线开发活动类型，涉及城镇住宅、公共管理与公共服务等用地类型	堤防线	

续表

一级类	二级类	定义	划定标准	图例
2 开发岸线	23 城镇生活岸线	城镇建成区范围内，岸线及后方陆域 1km 范围内存在住宅开发、公共服务设施开发、公园建设等岸线开发活动类型，涉及城镇住宅、公共管理与公共服务等用地类型	堤防线	
	24 其他开发岸线	跨水域通道岸线，包括桥梁、隧道及其附属设施开发建设岸线；水工设施岸线，包括人工修建的闸、坝等岸线开发类型；人工围滩岸线，近年来围垦滩涂而未开展大规模开发建设等	水利工程: 水陆交互线	
			人工围滩: 前沿水陆交互线	

1.4.2　主要支流岸线资源分类划定标准

长江主要支流岸线资源分为自然岸线与开发岸线，自然岸线包括生态岸线和农业岸线，开发岸线包括港口码头岸线、工业生产岸线、城镇生活岸线及其他开发岸线（表 1-3）。

1.4.3　重点湖泊岸线资源分类划定标准

长江经济带重点湖泊岸线资源分为自然岸线与开发岸线，自然岸线包括生态岸线和农业岸线，开发岸线包括港口码头岸线、工业生产岸线、城镇生活岸线及其他开发岸线（表 1-4）。

表 1-3 长江主要支流岸线资源分类定义、划定标准及图例

一级类	二级类	定义	划定标准	图例
1 自然岸线	11 生态岸线	岸线及后方陆域 1km 范围内无港口码头、工业生产、大规模住宅开发建设，水陆交互处于相对自然状态，表现为洲滩湿地，涉及内陆滩涂、林地、草地等用地类型	平原地区主要被林地、草地等覆盖的岸段：以植被与水域的交互线为界划定	
			滩地岸线（前沿洲滩无堤防）：以洲滩湿地后方大堤线划定	
			滩地岸线（前沿洲滩有次级堤防、洲滩人类活动显著）：以洲滩前沿水陆交界线划定	
			山体丘陵岸线：水陆交界线	
	12 农业岸线	岸线及后方陆域 1km 范围内无港口码头、工业生产，陆域存在乡村聚落分布和农业生产活动，堤内存在水产养殖、大规模设施农业种植养殖等	大堤线	

续表

一级类		二级类		定义	划定标准	图例
1	自然岸线	12	农业岸线	岸线及后方陆域 1km 范围内无港口码头、工业生产,陆域存在乡村聚落分布和农业生产活动,堤内存在水产养殖、大规模设施农业种植养殖等	农业生产活动;前沿有大堤的岸段以大堤线为界;前沿无大堤的岸段以水陆交互线为界	
2	开发岸线	21	港口码头岸线	岸线及后方陆域 1km 范围内存在人工修建的用于客运、货运、捕捞及工程、工作船舶停靠的场所及其附属建筑物、物流仓储场所及设施的岸线开发类型,涉及港口码头、仓储等用地类型;岸线及后方陆域 1km 范围内存在采砂器械,建成一定规模的采砂场所	大中型港口码头:港口堆场前沿线	
					砂石码头及小散乱码头:前沿水陆交界线	
		22	工业生产岸线	岸线及后方陆域 1km 范围内存在工业生产、产品加工制造、机械和设备修理及直接为工业生产等服务的附属设施的岸线开发类型,涉及工业用地类型	有大堤:前沿大堤线	

一级类	二级类		定义	划定标准	图例
2 开发岸线	22	工业生产岸线	岸线及后方陆域1km范围内存在工业生产、产品加工制造、机械和设备修理及直接为工业生产等服务的附属设施的岸线开发类型，涉及工业用地类型	无大堤：水陆交互线	
	23	城镇生活岸线	城镇建成区范围内，岸线及后方陆域1km范围内存在住宅开发、公共服务设施开发、公园建设等岸线开发活动类型，涉及城镇住宅、公共管理与公共服务等用地类型	堤防线	
	24	其他开发岸线	跨水域通道岸线，包括桥梁、隧道及其附属设施开发建设岸线；水工设施岸线，包括人工修建的闸、坝等岸线开发类型	水利工程：水陆交互线	

表 1-4　重点湖泊岸线资源分类定义、划定标准及图例

一级类	二级类	定义	划定标准	图例
1 自然岸线	11 生态岸线	岸线及后方陆域 1km 范围内无港口码头、工业生产、大规模住宅开发建设，水陆交互处于相对自然状态，表现为洲滩湿地、基岩山体等形态	滩地岸线（前沿洲滩无堤防）：以洲滩湿地后方大堤线划定	
			滩地岸线（前沿洲滩有次级堤防、洲滩人类活动显著）：以洲滩前沿水陆交界线划定	
			山体岸线：水陆交界线	
	12 农业岸线	岸线及后方陆域 1km 范围内无港口码头、工业生产，存在农村住宅开发、乡村聚落分布；堤内水产养殖、大规模大棚农业种植等	水产养殖：前沿水陆交互线	
2 开发岸线	21 港口码头岸线	岸线及后方陆域 1km 范围内存在用于人工修建的客运、货运、捕捞及工程、工作船舶停靠的场所及其附属建筑物、物流仓储场所及设施的岸线开发类型，涉及港口码头、仓储等用地类型	大中型港口：港口堆场前沿线	

一级类	二级类	定义	划定标准	图例
2 开发岸线	21 港口码头岸线	岸线及后方陆域 1km 范围内存在用于人工修建的客运、货运、捕捞及工程、工作船舶停靠的场所及其附属建筑物、物流仓储场所及设施的岸线开发类型，涉及港口码头、仓储等用地类型	砂石码头及小散乱码头：前沿水陆交界线	
	22 工业生产岸线	岸线及后方陆域 1km 范围内存在工业生产、产品加工制造、机械和设备修理及直接为工业生产等服务的附属设施的岸线开发类型，涉及工业用地类型	有大堤：前沿大堤线	
			无大堤：水陆交互线	
	23 城镇生活岸线	城镇建成区范围内，岸线及后方陆域 1km 范围内存在住宅开发、公共服务设施开发、公园建设等岸线开发活动类型，涉及城镇住宅、公共管理与公共服务等用地类型	堤防线	

续表

一级类	二级类	定义	划定标准	图例
2 开发岸线 24	其他开发岸线	跨水域通道岸线，包括桥梁、隧道及其附属设施开发建设岸线；水工设施岸线，包括人工修建的闸、坝等岸线开发类型；人工滩涂岸线，近年来围垦滩涂而未开展大规模开发建设等	水利工程：水陆交互线	
			人工围滩：前沿水陆交互线	

1.4.4　海岸线资源分类划定标准

海岸线分为自然岸线、人工岸线与河口岸线。自然岸线包括基岩岸线、砂砾质岸线、淤泥质岸线及生物岸线；人工岸线包括养殖围堤、盐田围堤、农田围堤、港口码头岸线、工业生产岸线、城镇生活岸线及其他人工岸线（表 1-5）。

表 1-5　海岸线分类与编码

一级类代码	一级类	二级类代码	二级类	定义
1	自然岸线	11	基岩岸线	地处基岩海岸的海岸线
		12	砂砾质岸线	地处沙滩上的海岸线
		13	淤泥质岸线	地处淤泥或粉砂质泥滩的海岸线
		14	生物岸线	由红树林、珊瑚礁等组成的海岸线
2	人工岸线	21	养殖围堤	岸线及后方陆域 1km 范围内，人工修筑用于养殖的堤坝
		22	盐田围堤	岸线及后方陆域 1km 范围内，人工修筑用于盐碱晒制的堤坝
		23	农田围堤	岸线及后方陆域 1km 范围内，人工修筑用于农业种植的堤坝

续表

一级类代码	一级类	二级类代码	二级类	定义
2	人工岸线	24	港口码头岸线	岸线及后方陆域 1km 范围内存在人工修建的用于客运、货运、捕捞及工程、工作船舶停靠的场所及其附属建筑物、物流仓储场所及设施的岸线开发类型，涉及港口码头、仓储等用地类型
		25	工业生产岸线	岸线及后方陆域 1km 范围内存在工业生产、产品加工制造、机械和设备修理及直接为工业生产等服务的附属设施的岸线开发类型，涉及工业用地类型
		26	城镇生活岸线	城镇建成区范围内，岸线及后方陆域 1km 范围内存在住宅开发、公共服务设施开发、公园建设等岸线开发活动类型，涉及城镇住宅、公共管理与公共服务等用地类型
		27	其他人工岸线	水工设施岸线，包括人工修建的交通围堤、护岸、海堤和丁坝等岸线开发类型；人工围滩岸线，近年来围垦滩涂而未开展大规模开发建设等
3	河口岸线	31	河口岸线	入海河口与海洋的界线

利用遥感影像解译，将自然岸线划分为基岩岸线、砂砾质岸线、淤泥质岸线及生物岸线（表 1-6）。

表 1-6　自然岸线遥感影像判别

二级类	划定标准	遥感影像判别
基岩岸线	基岩海岸一般比较弯曲，常有海岬和海湾，基岩岸线在影像上的位置在明显的海陆分界线上	

续表

二级类	划定标准	遥感影像判别
砂砾质岸线	砂砾质海岸比较平直，受潮水影响，海滩上部往往有脊状砂质沉积。砂砾在卫星遥感影像上反射率较高，颜色为白色，滩脊痕线靠陆地一侧的边缘作为其海岸线	
淤泥质岸线	淤泥质海岸向陆一侧常有一条耐盐植物生长茂盛与稀疏程度差异明显的界线，即为淤泥质岸线	
生物岸线	生物岸线一般分为红树林岸线、芦苇岸线和珊瑚礁岸线。在长江经济带，红树林多成片分布于杭州湾以南的浙江南部的海湾上，红树林向陆侧边界即为生物岸线的位置	

　　利用遥感影像解译，将人工岸线划分为养殖围堤、盐田围堤、农田围堤、港口码头岸线、工业生产岸线、城镇生活岸线及其他人工岸线（表 1-7）。

表 1-7　人工岸线遥感影像判别

二级类	划定标准	遥感影像判别
养殖围堤	养殖区为人工修筑的圈围区域，界线较清晰，普遍尺度较大，一般呈长条状，很容易识别，养殖区向海一侧的外边缘即为海岸线位置所在	

二级类	划定标准	遥感影像判别
盐田围堤	盐田呈规则小型方块状，大面积连续分布，由海向陆分布有沉淀池、蒸发池和结晶池。海岸线位置的确定同养殖围堤类似，向海一侧的外边缘即为海岸线位置所在	
农田围堤	围垦农田是通过围填海的方式将形成的土地用于农林牧业，农田围堤一般与邻近耕地衔接，在作物生长季节色调发红，纹理均匀。一般以围垦田埂为界	
港口码头岸线	港口码头在遥感影像上色调多呈灰色或灰白色，边缘呈现齿状，具有防波堤、港池等附属地物。一般以港口堆场前沿线为界	
工业生产岸线	分布在沿海地区的工矿企业一般具有大堤保护，一般以前沿大堤线为界	

续表

二级类	划定标准	遥感影像判别
城镇生活岸线	如无大堤保护，则以水陆交互线为界；如有大堤保护，则以堤防线为界	
其他人工岸线	交通围堤、护岸、海堤、丁坝与其他水利工程一般以向海侧边缘线为界；人工围滩一般以水陆交互线为界	

利用遥感影像解译，一般以河口区域管理习惯线或河口区突然展宽处的突出点连线作为河口岸线（表 1-8）。

表 1-8　河口岸线遥感影像判别

二级类	划定标准	遥感影像判别
河口岸线	若某个河口具有明确的河海分界线，且没有争议，则沿用现有的河海分界线作为河口岸线。如果没有明确的河海分界线，一般选择河口区突然展宽处的突出点连线为河口岸线，若突然展宽处附近有防潮闸或跨河桥梁，则以防潮闸或跨河桥梁为河口岸线	

第2章 岸线资源开发适宜性评价技术

2.1 长江干流岸线资源开发适宜性评价技术

2.1.1 评价总体思路

岸线资源开发适宜性评价一般考虑陆域条件、水域条件和堤岸条件，相关领域具有一定的前期研究基础（王传胜，2000；马荣华等，2003，2004；朱红云等，2005；中国科学院南京地理与湖泊研究所，2005，2007；曹有挥等，2015；段学军等，2006，2016，2018，2019a，2019b）。长江干流选取岸前水域条件、岸线稳定性、后方陆域条件等指标构建指标体系，克服了长江干流上中下游岸线资源本底条件差异，构建合江门—葛洲坝、葛洲坝—南京新济洲、南京新济洲—长江口的上中下游不同区段岸线资源开发适宜性评估指标体系与评估准则。岸线资源开发适宜性评价选取岸前水深、离岸距离、岸线稳定性、后方陆域条件、可开发纵深、航道等级、航道水域宽度等指标（图2-1）。

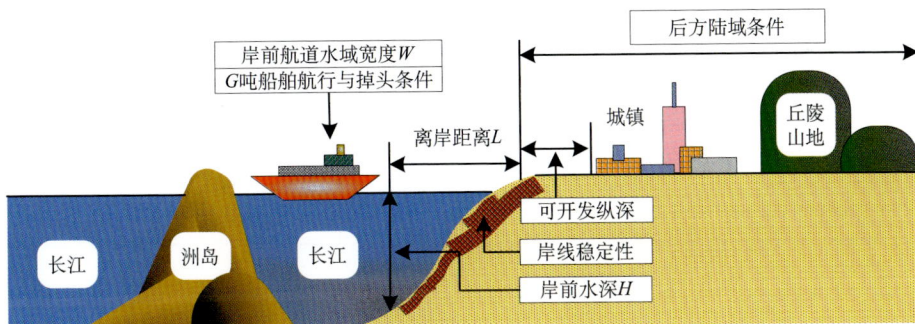

图 2-1 长江干流岸线资源开发适宜性评估体系

2.1.2 岸前水深评价

1. 水深分级标准

长江干流水深条件大于 10m 划定为深水岸线、水深条件 5～10m 划定为中深水岸线、水深条件小于 5m 划定为浅水岸线；离岸距离南京新济洲以下划定为 300m，南京新济洲至葛洲坝下划定为200m，葛洲坝以上划定为100m（表2-1，表2-2）。

表2-1 岸前水深指标

岸段	离岸距离（L）	岸前水深（H）	岸前水深条件	分级
河流上游	L_1	$>H_2$	深水岸线	I 级
		$H_1 \sim H_2$	中深水岸线	II 级
		$<H_1$	浅水岸线	III 级
河流中游	L_2	$>H_2$	深水岸线	I 级
		$H_1 \sim H_2$	中深水岸线	II 级
		$<H_1$	浅水岸线	III 级
河流下游	L_3	$>H_2$	深水岸线	I 级
		$H_1 \sim H_2$	中深水岸线	II 级
		$<H_1$	浅水岸线	III 级

表2-2 长江干流岸线资源岸前水深指标

岸段	离岸距离（L）	岸前水深（H）	岸前水深条件	分级
合江门—葛洲坝	100m	>10m	深水岸线	I 级
		5～10m	中深水岸线	II 级
		<5m	浅水岸线	III 级
葛洲坝—新济洲	200m	>10m	深水岸线	I 级
		5～10m	中深水岸线	II 级
		<5m	浅水岸线	III 级
新济洲—长江口	300m	>10m	深水岸线	I 级
		5～10m	中深水岸线	II 级
		<5m	浅水岸线	III 级

2. 岸前水深评价技术标准

获取水下地形图/航道图/水深数据，逐段量测离岸距离 L 处水深条件，水深大于 H_2 判定为深水岸线、水深大于 H_1 小于 H_2 判定为中深水岸线、水深小于 H_1 判定为浅水岸线，并通过 ArcGIS 制图进行空间表达和空间分析（图2-2）。

3. 岸前水深评价结果统计

对不同行政单元、不同岸段岸线资源岸前水深分级数据进行结果统计，包括不同水深等级岸线长度和岸线比例（表2-3，表2-4）。

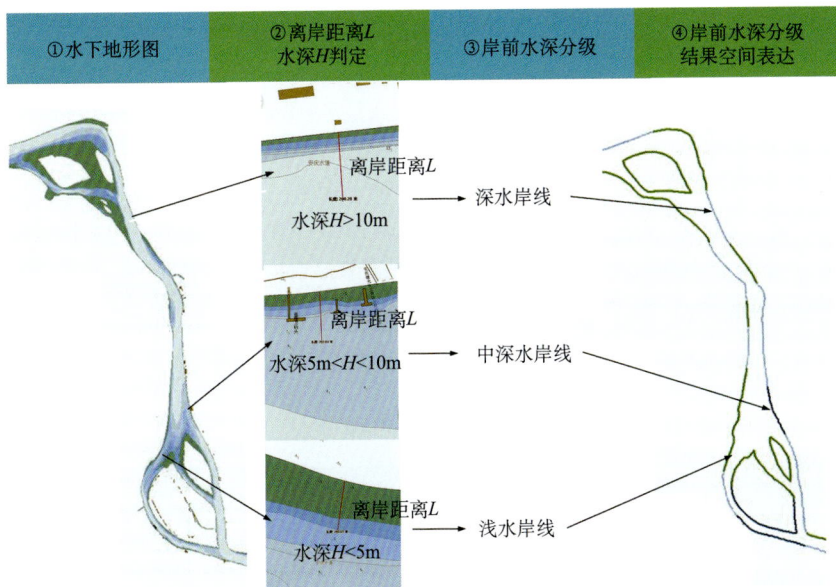

图 2-2 长江干流岸线资源岸前水深评价技术

表 2-3 长江干流不同行政单元岸线资源岸前水深条件统计表

不同行政单元	岸线长度/km			岸线比例/%		
	深水岸线	中深水岸线	浅水岸线	深水岸线	中深水岸线	浅水岸线
××省/市/县						
××省/市/县						
××省/市/县						
……						
总计						

表 2-4 长江干流不同岸段岸线资源岸前水深条件统计表

不同岸段	岸线长度/km			岸线比例/%		
	深水岸线	中深水岸线	浅水岸线	深水岸线	中深水岸线	浅水岸线
××至×× 岸段						
××至×× 岸段						
××至×× 岸段						
……						
总计						

2.1.3 后方陆域评价

1. 陆域纵深分级标准

长江干流葛洲坝以上主要以山地地貌为主，划定 1km 以上陆域纵深为陆域条件好（I 级），0.5～1km 陆域纵深为陆域条件较好（II 级），0.5km 以下陆域纵深为陆域条件差（III 级）；葛洲坝以下主要以平原地貌为主，划定 2km 以上陆域纵深为陆域条件好（I 级），0.5～2km 陆域纵深为陆域条件较好（II 级），0.5km 以下陆域纵深为陆域条件差（III 级）（表 2-5，表 2-6）。

表 2- 5　陆域条件指标

岸段	陆域纵深	陆域条件	分级
河流上游	$> LL_2$	陆域条件好	I 级
	$LL_1 \sim LL_2$	陆域条件较好	II 级
	$< LL_1$	陆域条件差	III 级
河流中游	$> LL_2'$	陆域条件好	I 级
	$LL_1' \sim LL_2'$	陆域条件较好	II 级
	$< LL_1'$	陆域条件差	III 级
河流下游	$> LL_2''$	陆域条件好	I 级
	$LL_1'' \sim LL_2''$	陆域条件较好	II 级
	$< LL_1''$	陆域条件差	III 级

表 2-6　长江干流岸线资源陆域条件指标

岸段	陆域纵深	陆域条件	陆域条件分级
合江门—葛洲坝	>1km	陆域条件好	I 级
	0.5～1km	陆域条件好	II 级
	<0.5km	陆域条件差	III 级
葛洲坝—长江口	>2km	陆域条件好	I 级
	0.5～2km	陆域条件较好	II 级
	<0.5km	陆域条件差	III 级

2. 陆域条件评价技术标准

获取岸线后方陆域 5km 范围地形图/高清遥感影像数据，建立岸线缓冲区（缓冲距离 LL_1、LL_2，长江干流 LL_1=0.5、LL_2=1 或 2），逐段量测判断陆域纵深条件，

陆域纵深大于 LL_2 判定为陆域条件好（I 级），陆域纵深大于 LL_1 小于 LL_2 判定为陆域条件较好（II 级），陆域纵深小于 LL_1 判定为陆域条件差（III 级），并通过 ArcGIS 制图进行空间表达和空间分析（图 2-3）。

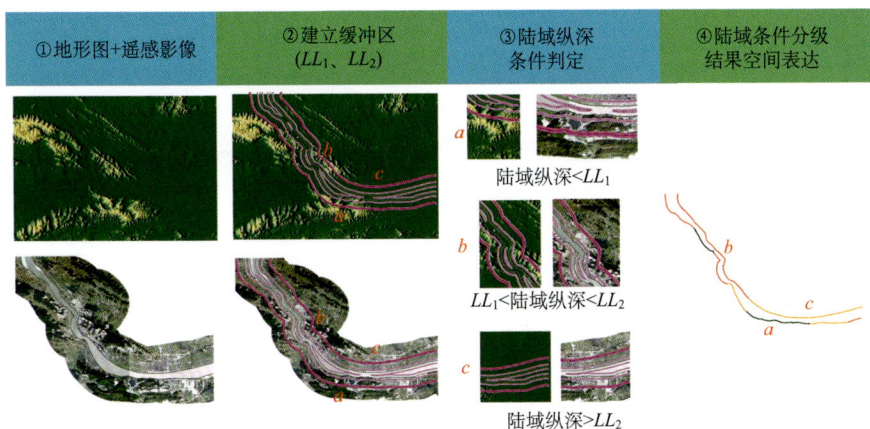

图 2-3　长江干流岸线资源陆域条件评价技术

3. 陆域条件评价结果统计

对不同行政单元、不同岸段岸线资源陆域条件分级数据进行结果统计，包括不同陆域条件等级岸线长度和岸线比例（表 2-7，表 2-8）。

表 2-7　长江干流不同行政单元岸线资源陆域条件统计表

不同行政单元	岸线长度/km			岸线比例/%		
	陆域条件好	陆域条件较好	陆域条件差	陆域条件好	陆域条件较好	陆域条件差
××省/市/县						
××省/市/县						
××省/市/县						
……						
总计						

表 2-8　长江干流不同岸段岸线资源陆域条件统计表

不同岸段	岸线长度/km			岸线比例/%		
	陆域条件好	陆域条件较好	陆域条件差	陆域条件好	陆域条件较好	陆域条件差
××至×× 岸段						

不同岸段	岸线长度/km			岸线比例/%		
	陆域条件好	陆域条件较好	陆域条件差	陆域条件好	陆域条件较好	陆域条件差
××至×× 岸段						
××至×× 岸段						
……						
总计						

2.1.4 岸线稳定性评价

1. 岸线稳定性分级标准

葛洲坝以上岸线稳定性以山地地质灾害为主，划定地质灾害隐患点 1km 缓冲区范围涉及的岸段为岸线稳定性差（II 级），划定不涉及地质灾害隐患点 1km 缓冲区的岸段为岸线稳定性好（I 级）；葛洲坝以下岸线稳定性以冲刷剧烈、崩岸风险为主，划定岸线摆动较大、冲刷较剧烈岸段为岸线稳定性差（II 级），划定其他岸段为岸线稳定性好（I 级）（表 2-9，表 2-10）。

表 2-9 岸线稳定性评价指标

岸段	地质灾害风险	冲刷崩岸风险	岸线稳定性	分级
河流上游/山地岸段	风险高		岸线稳定性差	II 级
	风险低		岸线稳定性好	I 级
河流下游/平原岸段		风险高	岸线稳定性差	II 级
		风险低	岸线稳定性好	I 级

表 2-10 长江干流岸线稳定性评价指标

岸段	地质灾害风险	冲刷崩岸风险	岸线稳定性	分级
合江门—葛洲坝	风险高		岸线稳定性差	II 级
	风险低		岸线稳定性好	I 级
葛洲坝—长江口		风险高	岸线稳定性差	II 级
		风险低	岸线稳定性好	I 级

2. 岸线稳定性评价技术标准

上游/山地获取岸线 1km 范围内地质灾害隐患点数据，建立隐患风险缓冲区（1km 缓冲区），开展岸线与灾害隐患风险缓冲区空间叠置分析，提取地质灾害风险影响岸段，地质灾害风险区内岸段划定为岸线稳定性差（Ⅱ级）、地质灾害风险区外岸段划定为岸线稳定性好（Ⅰ级）；下游/平原获取多期遥感影像数据，开展多期遥感影像解译与对比分析，判别提取岸线冲刷剧烈岸段，冲刷剧烈岸段划定为岸线稳定性差（Ⅱ级），岸线变化不明显岸段划定为岸线稳定性好（Ⅰ级）（图 2-4）。

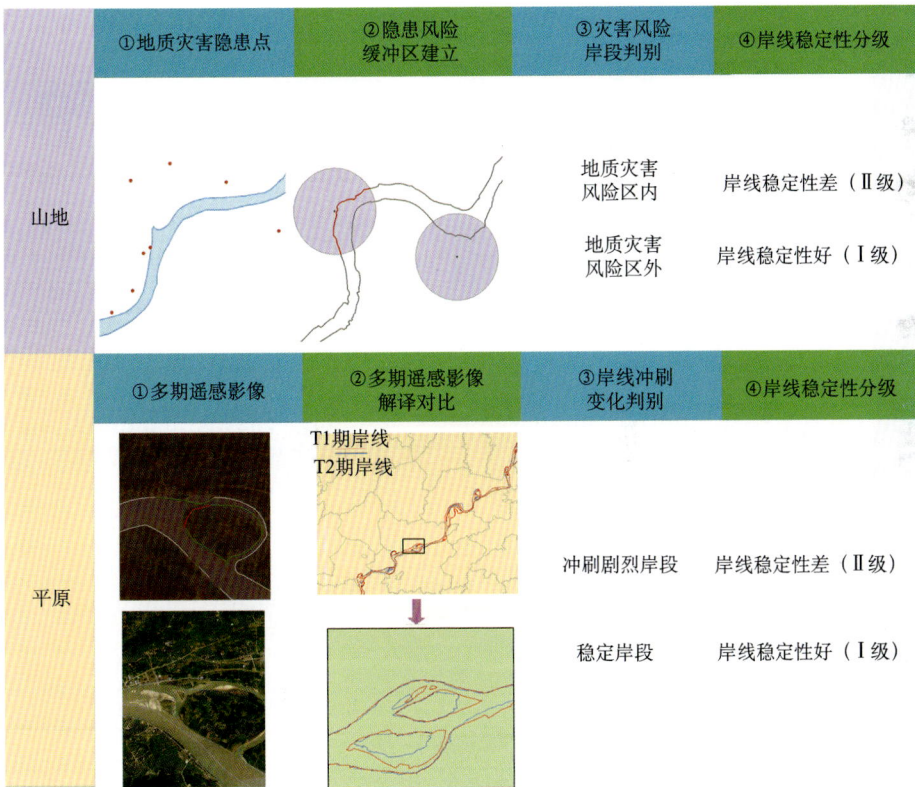

图 2-4　长江干流岸线稳定性评价技术

3. 岸线稳定性评价结果统计

对不同行政单元、不同岸段岸线资源岸线稳定性分级数据进行结果统计，包括不同岸线稳定条件等级岸线长度和岸线比例。

2.1.5 岸线开发适宜性综合评价

耦合长江干流岸线岸前水深、后方陆域条件、岸线稳定性等指标，综合评价岸线开发适宜性（表 2-11，表 2-12）。

表 2-11　岸线资源开发适宜性评估准则

岸段	离岸距离	岸前水深	岸线稳定性	后方陆域纵深	开发适宜性	分级
上游	L_1	$>H_2$	稳定	$> LL_2$	开发适宜性好	I 级
		$H_1 \sim H_2$	稳定	$LL_1 \sim LL_2$	开发适宜性较好	II 级
		$< H_1$	不稳定	$<LL_1$	开发适宜性差	III 级
中游	L_2	$>H_2$	稳定	$> LL_2'$	开发适宜性好	I 级
		$H_1 \sim H_2$	稳定	$LL_1' \sim LL_2'$	开发适宜性较好	II 级
		$< H_1$	不稳定	$<LL_1'$	开发适宜性差	III 级
下游	L_3	$>H_2$	稳定	$> LL_2''$	开发适宜性好	I 级
		$H_1 \sim H_2$	稳定	$LL_1'' \sim LL_2''$	开发适宜性较好	II 级
		$< H_1$	不稳定	$<LL_1''$	开发适宜性差	III 级

表 2-12　长江干流岸线资源开发适宜性评估准则

岸段	离岸距离	岸前水深	岸线稳定性	后方陆域纵深	开发适宜性	分级
合江门—葛洲坝	100m	>10m	稳定	>1km	开发适宜好	I 级
		5~10m	稳定	0.5~1km	开发适宜性较好	II 级
		<5m	不稳定	<0.5km	开发适宜性差	III 级
葛洲坝—新济洲	200m	>10m	稳定	>2km	开发适宜好	I 级
		5~10m	稳定	0.5~2km	开发适宜性较好	II 级
		<5m	不稳定	<0.5km	开发适宜性差	III 级
新济洲—长江口	300m	>10m	稳定	>2km	开发适宜好	I 级
		5~10m	稳定	0.5~2km	开发适宜性较好	II 级
		<5m	不稳定	<0.5km	开发适宜性差	III 级

2.2　主要支流岸线资源开发适宜性评价技术

2.2.1 评价总体思路

长江主要支流岸线开发适宜性主要根据岸前水深、岸线稳定性和陆域条件三方面综合评价。结合支流岸线资源本底和开发利用特征及数据的可获取性，岸前水深指标使用航道等级数据，岸线稳定性指标使用地质灾害易发等级及岸线冲淤变化数据，陆域条件指标使用地形地貌数据（闵敏等，2019；林晨等，2019）。评价指标体系的目标层、指标层和数据层如表 2-13 所示。

表 2-13　长江主要支流岸线开发适宜性评价指标体系

目标层	指标层	数据层
岸线开发适宜性	岸前水深	航道等级
	岸线稳定性	地质灾害易发等级/岸线冲淤变化
	陆域条件	地形地貌

2.2.2　岸前水深评价

1. 岸前水深条件分级标准

参考《内河通航标准》（GB 50139—2014），航道等级分为三级、四级及四级以下，航道横断面如图 2-5 所示。

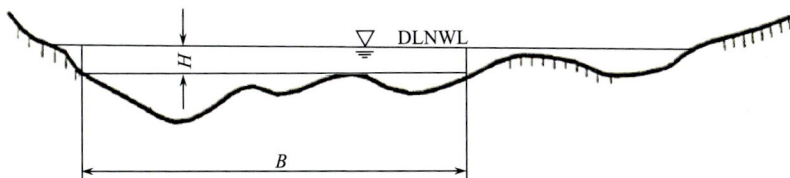

图 2-5　内河航道横断面图

H. 航道水深；B. 航道宽度；DLNWL. 设计最低通航水位

将属于三级航道的支流岸线划定为岸前水深条件 I 级岸线、四级航道的支流岸线划定为岸前水深条件 II 级岸线、四级航道以下的支流岸线划定为岸前水深条件 III 级岸线。其中，I 级最佳，II 级次之，III 级最次。长江主要支流岸前水深等级划定标准如表 2-14 所示。

表 2-14　长江主要支流岸前水深等级划定标准

支流	起讫点	航道等级	是否通航	通航船舶吨级/t	航道尺度/m			分级
					水深（H）	直线段宽度（B）		
						单线	双线	
岷江	乐山—宜宾	三级	可通航	1000	2.0～2.4	30～55	60～110	I 级
	松潘—乐山	四级以下	可通航	500 以下	1.6 以下	35 以下	70 以下	III 级

续表

支流	起讫点	航道等级	是否通航	通航船舶吨级/t	航道尺度/m			分级
					水深（H）	直线段宽度（B）		
						单线	双线	
嘉陵江	广元—合川	四级	可通航	500	1.6~1.9	30~45	50~90	Ⅱ级
	合川—重庆	三级	可通航	1000	2.0~2.4	30~55	60~110	Ⅰ级
乌江	毕节—乌江渡	四级以下	可通航	500以下	1.6以下	35以下	70以下	Ⅲ级
	乌江渡—涪陵	四级	可通航	500	1.6~1.9	30~45	50~90	Ⅱ级
湘江	永州—松柏	四级以下	可通航	500以下	1.6以下	35以下	70以下	Ⅲ级
	松柏—城陵矶	三级	可通航	1000	2.0~2.4	30~55	60~110	Ⅰ级
汉江	安康—丹江口	四级	可通航	500	1.6~1.9	30~45	50~90	Ⅱ级
	丹江口—汉口	三级	可通航	1000	2.0~2.4	30~55	60~110	Ⅰ级
赣江	瑞金—赣州	四级以下	可通航	500以下	1.6以下	35以下	70以下	Ⅲ级
	赣州—湖口	三级	可通航	1000	2.0~2.4	30~55	60~110	Ⅰ级

2. 岸前水深评价结果统计

对不同行政单元、不同岸段岸线资源岸前水深分级数据进行结果统计，包括不同航道等级岸线长度和岸线比例（表 2-15，表 2-16）。

表 2-15　长江主要支流不同行政单元岸线资源岸前水深条件统计表

不同行政单元	岸线长度/km			岸线比例/%		
	三级航道岸线	四级航道岸线	四级以下航道岸线	三级航道岸线	四级航道岸线	四级以下航道岸线
××省/市/县						
××省/市/县						
××省/市/县						
……						
总计						

表 2-16　长江主要支流不同岸段岸线资源岸前水深条件统计表

不同岸段	岸线长度/km			岸线比例/%		
	三级航道岸线	四级航道岸线	四级以下航道岸线	三级航道岸线	四级航道岸线	四级以下航道岸线
××至××岸段						
××至××岸段						

续表

不同岸段	岸线长度/km			岸线比例/%		
	三级航道岸线	四级航道岸线	四级以下航道岸线	三级航道岸线	四级航道岸线	四级以下航道岸线
××至××岸段						
……						
总计						

2.2.3　后方陆域评价

1. 后方陆域条件分级标准

基本地貌形态类型是反映地貌最基本内外营力过程所形成的基本地貌形态。结合研究区特点，借鉴《中华人民共和国地貌图集（1∶100 万）》的地貌形态类型区分方法，长江主要支流岸线后方陆域基本地貌类型根据 7 种基本地貌形态及其低、中、高 3 种地貌海拔高度等级组合成 19 个基本地形地貌类型。其中地貌形态通过岸线后方陆域 1km 范围内平均地形起伏度（$\bar{R}$）测算，海拔高度等级通过岸线后方陆域 1km 范围内的平均海拔（$\bar{H}$）测算，具体标准为：$\bar{H}<1000m$ 的岸段判定为低海拔岸段，$1000m \leqslant \bar{H}<3500m$ 的岸段判定为中海拔岸段，$3500m \leqslant \bar{H}<5000m$ 的岸段判定为高海拔岸段；$\bar{R}<30m$ 的岸段判定为平原岸段，$30m \leqslant \bar{R}<50m$ 的岸段判定为台地岸段，$50m \leqslant \bar{R}<200m$ 的岸段判定为丘陵岸段，$200m \leqslant \bar{R}<500m$ 的岸段判定为小起伏山地岸段，$500m \leqslant \bar{R}<1000m$ 的岸段判定为中起伏山地岸段，$1000m \leqslant \bar{R}<2500m$ 的岸段判定为大起伏山地岸段，$\bar{R} \geqslant 2500m$ 的岸段判定为极大起伏山地岸段（表 2-17）。

表 2-17　长江主要支流基本地形地貌类型划定标准

起伏度（$\bar{R}$）	海拔（$\bar{H}$）		
	低海拔（<1000m）	中海拔（1000~3500m）	高海拔（3500~5000m）
平原（一般<30m）	低海拔平原	中海拔平原	高海拔平原
台地（30~50m）	低海拔台地	中海拔台地	高海拔台地
丘陵（50~200m）	低海拔丘陵	中海拔丘陵	高海拔丘陵
小起伏山地（200~500m）	低海拔小起伏山地	中海拔小起伏山地	高海拔小起伏山地
中起伏山地（500~1000m）	低海拔中起伏山地	中海拔中起伏山地	高海拔中起伏山地

起伏度（$\bar{R}$）	海拔（$\bar{H}$）		
	低海拔（<1000m）	中海拔（1000～3500m）	高海拔（3500～5000m）
大起伏山地（1000～2500m）	—	中海拔大起伏山地	高海拔大起伏山地
极大起伏山地（≥2500m）	—	中海拔极大起伏山地	高海拔极大起伏山地

资料来源：《中华人民共和国地貌图集（1：100 万）》，2009。

综合考量支流岸线后方陆域的海拔（$\bar{H}$）和地形起伏度（$\bar{R}$），将后方陆域为低海拔平原、低海拔台地、低海拔丘陵、中海拔平原的岸段划定为陆域条件 I 级岸线，后方陆域为低海拔小起伏山地、低海拔中起伏山地、中海拔台地、中海拔中起伏山地的岸线划定为陆域条件 II 级岸线，后方陆域为中海拔大起伏山地、中海拔极大起伏山地、高海拔大起伏山地、高海拔极大起伏山地的岸线划定为陆域条件 III 级岸线（表 2-18）。其中，I 级最佳，II 级次之，III 级最次。

表 2-18 长江主要支流岸线后方陆域条件等级划定标准

后方陆域条件等级	I	II	III
地形地貌类型	低海拔平原、低海拔台地、低海拔丘陵、中海拔平原	低海拔小起伏山地、低海拔中起伏山地、中海拔台地、中海拔中起伏山地	中海拔大起伏山地、中海拔极大起伏山地、高海拔大起伏山地、高海拔极大起伏山地

2. 后方陆域条件评价技术标准

获取岸线后方陆域 1km 范围地形图/高清遥感影像数据，建立岸线 1km 缓冲区，逐段量测判断岸线后方 1km 陆域的平均海拔（$\bar{H}$）和平均地形起伏度（$\bar{R}$），结合长江主要支流基本地形地貌类型划定标准和长江支流岸线后方陆域条件等级划定标准对岸线后方陆域条件进行判定，并通过 ArcGIS 制图进行空间表达和空间分析（图 2-6）。

3. 陆域条件评价结果统计

对不同行政单元、不同岸段岸线后方陆域条件分级数据进行结果统计，包括不同陆域条件等级岸线长度和岸线比例（表 2-19，表 2-20）。

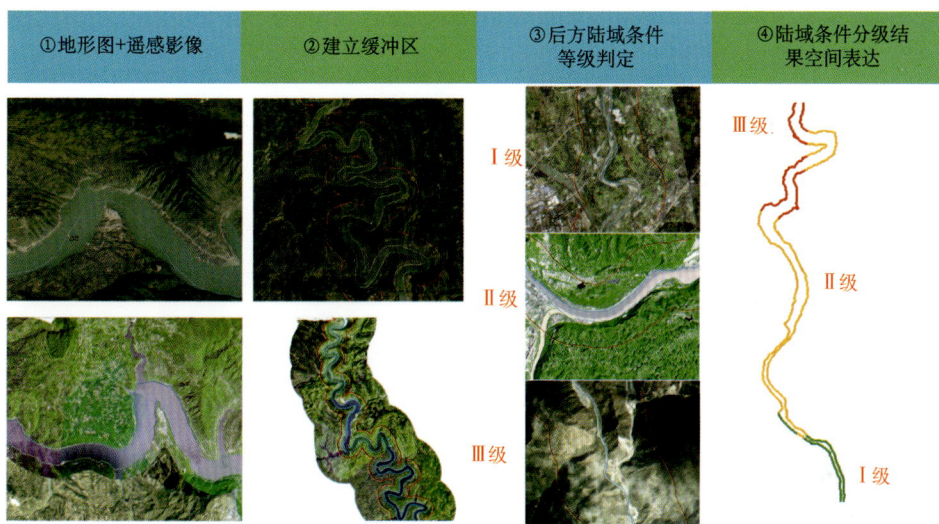

图 2-6　长江主要支流岸线后方陆域条件评价技术

表 2-19　长江主要支流不同行政单元岸线后方陆域条件统计表

不同行政单元	岸线长度/km			岸线比例/%		
	陆域条件好	陆域条件较好	陆域条件差	陆域条件好	陆域条件较好	陆域条件差
××省/市/县						
××省/市/县						
××省/市/县						
……						
总计						

表 2-20　长江主要支流不同岸段岸线后方陆域条件统计表

不同岸段	岸线长度/km			岸线比例/%		
	陆域条件好	陆域条件较好	陆域条件差	陆域条件好	陆域条件较好	陆域条件差
××至××岸段						
××至××岸段						
××至××岸段						
……						
总计						

2.2.4　岸线稳定性评价

1. 岸线稳定性分级标准

河流上游/山地/丘陵岸线稳定性主要受地质灾害影响，划定位于地质灾害隐患点 1km 缓冲区范围内，且周围隐患点分布较为密集的岸段为岸线稳定性差等级（Ⅲ 级），划定位于地质灾害隐患点 1km 缓冲区范围内，且周边隐患点分布相对稀疏的岸段为岸线稳定性较好等级（Ⅱ 级），划定不涉及地质灾害隐患点 1km 缓冲区的岸段为岸线稳定性好等级（Ⅰ 级）；河流下游/平原岸线稳定性主要受河水冲刷、崩岸风险影响，因此划定岸线摆动较大、冲刷较剧烈岸段为岸线稳定性差等级（Ⅲ 级），划定其他岸段为岸线稳定性好等级（Ⅰ 级）（表 2-21）。

表 2-21　长江主要支流岸线稳定性评价指标

岸段	地质灾害风险	冲刷崩岸风险	岸线稳定性	分级
河流上游/山地/丘陵岸段	风险低		岸线稳定性好	Ⅰ 级
	风险中		岸线稳定性较好	Ⅱ 级
	风险高		岸线稳定性差	Ⅲ 级
河流下游/平原岸段		风险低	岸线稳定性好	Ⅰ 级
		风险高	岸线稳定性差	Ⅲ 级

2. 岸线稳定性评价技术标准

位于上游/山地/丘陵的岸线通过获取临岸 1km 范围内地质灾害隐患点数据，建立隐患风险缓冲区（1km 缓冲区），开展岸线与灾害隐患风险缓冲区空间叠置分析，提取地质灾害风险影响岸段。地质灾害风险区外岸段划定为岸线稳定性好等级（Ⅰ 级），位于地质灾害风险区内，且周围隐患点相对稀疏的岸段划定为岸线稳定性较好等级（Ⅱ 级），位于地质灾害风险区内，且周围隐患点较为密集的岸段划定为岸线稳定性差等级（Ⅲ 级）。位于下游/平原的岸线通过获取多期遥感影像数据，开展多期遥感影像解译与对比分析，判别提取岸线冲刷剧烈岸段，冲刷剧烈岸段划定为岸线稳定性差等级（Ⅲ 级），岸线变化不明显岸段划定为岸线稳定性好等级（Ⅰ 级）（图 2-7）。

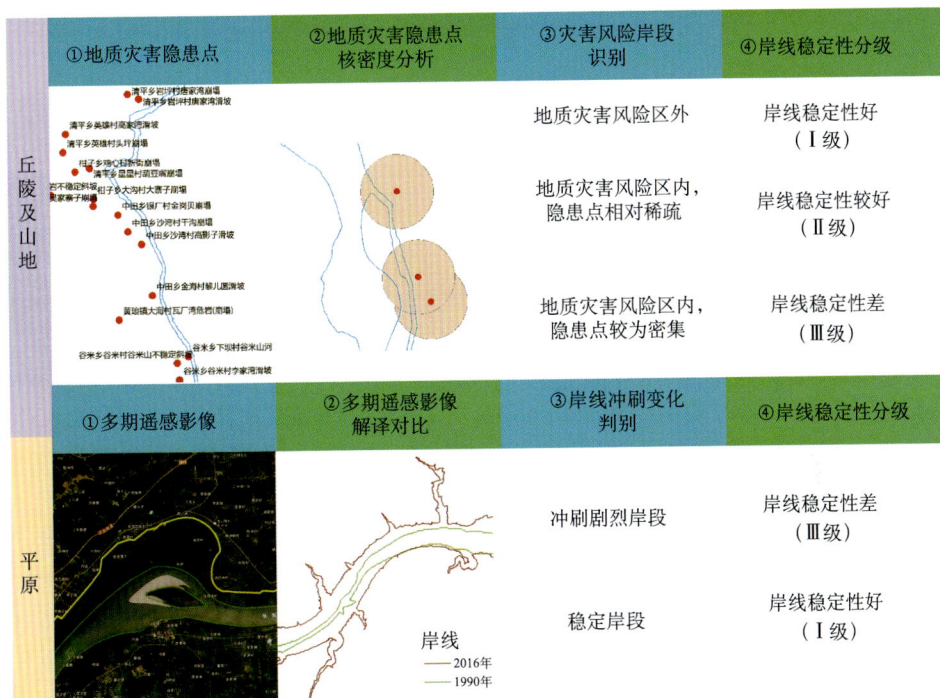

图 2-7　长江主要支流岸线稳定性评价技术

3. 岸线稳定性评价结果统计

对不同行政单元、不同岸段岸线资源岸线稳定性分级数据进行结果统计，包括不同岸线稳定条件等级岸线长度和岸线比例（表 2-22，表 2-23）。

表 2-22　长江主要支流不同行政单元岸线稳定性统计表

不同行政单元	岸线长度/km			岸线比例/%		
	岸线稳定性好	岸线稳定性较好	岸线稳定性差	岸线稳定性好	岸线稳定性较好	岸线稳定性差
××省/市/县						
××省/市/县						
××省/市/县						
……						
总计						

表 2-23　长江主要支流不同岸段岸线稳定性统计表

不同岸段	岸线长度/km			岸线比例/%		
	岸线稳定性好	岸线稳定性较好	岸线稳定性差	岸线稳定性好	岸线稳定性较好	岸线稳定性差
××至××岸段						
××至××岸段						
××至××岸段						
……						
总计						

2.2.5　岸线开发适宜性综合评价

耦合长江支流岸线岸前水深、岸线稳定性、后方陆域条件等岸线资源本底条件，建立长江主要支流岸线开发适宜性评价指标体系，选取指标及划定标准如表 2-24 所示。通过以上指标体系，对支流岸线开发适宜性进行综合评价，将岸线划分为 I 级、II 级与 III 级，其中 I 级开发条件最佳，适宜开发利用，II 级较适宜开发利用，III 级较不适宜开发利用。

表 2-24　长江主要支流岸线开发适宜性等级划定标准

岸线开发适宜性评价指标	评价指标标准值		
	I	II	III
岸前水深条件	三级航道	四级航道	四级以下航道
岸线稳定性	好	较好	差
后方陆域条件	低海拔平原、低海拔台地、低海拔丘陵、中海拔平原	低海拔小起伏山地、低海拔中起伏山地、中海拔台地、中海拔中起伏山地	中海拔大起伏山地、中海拔极大起伏山地、高海拔大起伏山地、高海拔极大起伏山地

2.3　重点湖泊岸线资源开发适宜性评价技术

2.3.1　评价总体思路

长江经济带重点湖泊选取岸段自然本底条件、岸线所在行政区社会经济条件、交通条件等指标构建指标体系，克服了不同湖泊岸线资源本底条件差异，构建长江经济带重点湖泊岸段岸线资源开发适宜性评估指标体系与评估准则。岸线资源开发适宜性评价选取湖泊水量、湖泊水质、岸线后方陆域条件、岸线所在县域人均 GDP、岸线所在县域人口密度、风景名胜丰富度、交通可达性等指标。

2.3.2 自然本底评价

1. 自然本底条件分级标准

自然本底评价综合考虑湖泊水量、水质和湖泊岸线后方陆域条件（表 2-25）。湖泊水量介于 0~20 亿 m^3 定义为小水量湖泊；水量介于 20 亿~100 亿 m^3 定义为中等水量湖泊；水量>100 亿 m^3 定义为大水量湖泊。湖泊水质≥V 类定义为差水质湖泊；湖泊水质为 III 类、IV 类定义为中等水质湖泊；湖泊水质为 I 类、II 类定义为优良水质湖泊。岸线后方为城镇区域，开发适宜性最好；后方为远郊，开发适宜性次之；后方为自然洲滩和山体，开发适宜性最差（表 2-26）。

表 2-25　湖泊自然本底指标

属性层	指标层	指标阈值	自然本底条件	分级
自然本底条件	湖泊水量	$>A_2$	大水量	I 级
		$A_1\sim A_2$	中等水量	II 级
		$<A_1$	小水量	III 级
	湖泊水质	$<B_1$	优良水质	I 级
		$B_1\sim B_2$	中等水质	II 级
		$>B_2$	差水质	III 级
	后方陆域条件	—	好	I 级
		—	中等	II 级
		—	差	III 级

表 2-26　长江经济带重点湖泊自然本底指标

属性层	指标层	指标阈值	自然本底条件	分级
自然本底条件	湖泊水量	>100 亿 m^3	大水量	I 级
		20 亿~100 亿 m^3	中等水量	II 级
		<20 亿 m^3	小水量	III 级
	湖泊水质	I 类、II 类	优良水质	I 级
		III 类、IV 类	中等水质	II 级
		≥V 类	差水质	III 级
	后方陆域条件	城镇区域	好	I 级
		远郊	中等	II 级
		自然洲滩、山体	差	III 级

2. 自然本底条件评价技术标准

获取巢湖、太湖、鄱阳湖、洞庭湖、洪湖、梁子湖、滇池、洱海和抚仙湖水质、水量数据，判断湖泊水质、水量条件。水量大于 A_2 判断为大水量湖泊，水量小于 A_2 大于 A_1 判断为中等水量湖泊，水量小于 A_1 判断为小水量湖泊。湖泊水质类别数小于 B_1 判断为优良水质湖泊，水质类别数大于 B_1 小于 B_2 判断为中等水质湖泊，水质类别数大于 B_2 判断为差水质湖泊。获取湖泊所在区域遥感影像，逐段判断岸段后方陆域条件，城镇居民点及相应设施分布集中的区域判断为城镇区域；居民点分散，相互之间距离较远的区域判断为远郊；基本无居民点，分布有自然洲滩或后方为山体的区域判断为自然洲滩、山体。并通过 ArcGIS 制图进行空间表达和空间分析（图 2-8）。

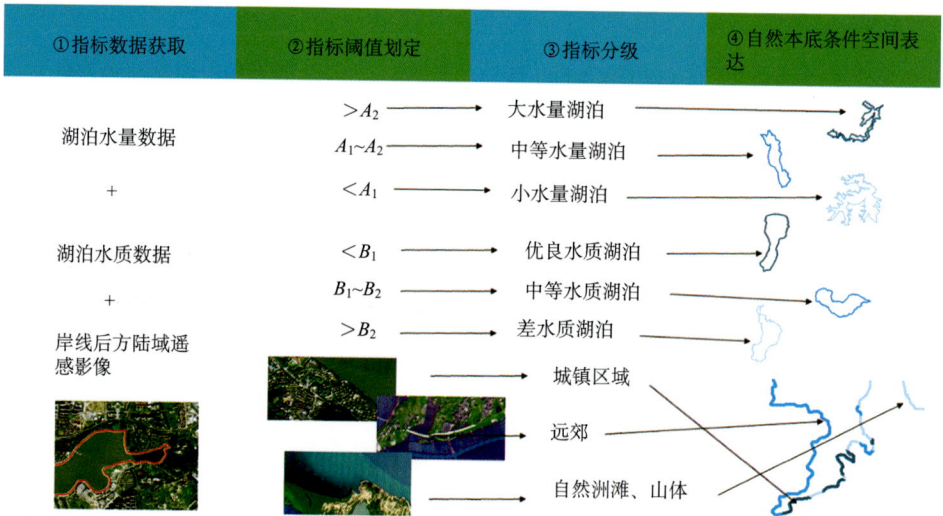

图 2-8　湖泊岸线资源自然本底条件评价技术

3. 自然本底条件评价结果统计

对不同湖泊、不同岸段岸线资源自然本底条件进行结果统计，包括不同自然本底条件等级岸线长度和岸线比例（表 2-27，表 2-28）。

表 2-27　长江经济带不同湖泊岸线资源自然本底条件统计表

不同湖泊	岸线长度/km			岸线比例/%		
	本底条件较好	本底条件中等	本底条件较差	本底条件较好	本底条件中等	本底条件较差
××湖						
××湖						
××湖						
……						
总计						

表 2-28　长江经济带不同岸段岸线资源自然本底条件统计表

不同岸段	岸线长度/km			岸线比例/%		
	本底条件较好	本底条件中等	本底条件较差	本底条件较好	本底条件中等	本底条件较差
××至××岸段						
××至××岸段						
××至××岸段						
……						
总计						

2.3.3　社会经济条件评价

1. 社会经济条件评价标准

社会经济条件综合考虑岸线所在县域人均 GDP、人口密度和岸线风景名胜丰富度（表 2-29）。湖泊岸线所在县域人均 GDP 在 12 万元/年以上的为经济条件较好（Ⅰ级），6 万～12 万元/年的为经济条件中等（Ⅱ级），6 万元/年以下的为经济条件较差（Ⅲ级）。岸线所在县域人口密度大于 0.25 万人/km² 的为人口密度较高（Ⅰ级），人口密度在 0.1 万～0.25 万人/km² 的为人口密度中等，0～0.1 万人/km² 的为人口密度较低。湖泊岸段风景名胜丰富度大于 0.8 个/km 的为风景名胜丰富度高（Ⅰ级），风景名胜丰富度为 0.2～0.8 个/km 的为风景名胜丰富度中等（Ⅱ级），风景名胜丰富度小于 0.2 个/km 的为风景名胜丰富度低（Ⅲ级）（表 2-30）。

表 2-29　社会经济条件指标

属性层	指标层	指标阈值	社会经济条件	社会经济条件分级
社会经济条件	岸线所在县域人均 GDP	$>C_2$	经济条件较好	I 级
		$C_1 \sim C_2$	经济条件中等	II 级
		$<C_1$	经济条件较差	III 级
	岸线所在县域人口密度	$>D_2$	人口密度较高	I 级
		$D_1 \sim D_2$	人口密度中等	II 级
		$<D_1$	人口密度较低	III 级
	岸线风景名胜丰富度	$>E_2$	风景名胜丰富度高	I 级
		$E_1 \sim E_2$	风景名胜丰富度中等	II 级
		$<E_1$	风景名胜丰富度低	III 级

表 2-30　长江经济带社会经济条件指标

属性层	指标层	指标阈值	社会经济条件	社会经济条件分级
社会经济条件	岸线所在县域人均 GDP	>12 万元/年	经济条件较好	I 级
		6 万~12 万元/年	经济条件中等	II 级
		<6 万元/年	经济条件较差	III 级
	岸线所在县域人口密度	>0.25 万人/km²	人口密度较高	I 级
		0.1 万~0.25 万人/km²	人口密度中等	II 级
		<0.1 万人/km²	人口密度较低	III 级
	岸线风景名胜丰富度	>0.8 个/km	风景名胜丰富度高	I 级
		0.2~0.8 个/km	风景名胜丰富度中等	II 级
		<0.2 个/km	风景名胜丰富度低	III 级

2. 社会经济条件评价技术标准

获取岸线所在县域人均 GDP 统计数据,逐段判断岸线经济条件。人均 GDP 高于 C_2 为经济条件较好,人均 GDP 低于 C_2 高于 C_1 为经济条件中等,人均 GDP 低于 C_1 为经济条件较差。获取岸线所在县域人口密度统计数据,逐段判断岸线人口密度等级。人口密度高于 D_2 为人口密度较高,人口密度低于 D_2 高于 D_1 为人口密度中等,人口密度低于 D_1 为人口密度较低。获取岸线后方 1km 范围内风景名胜分布图,逐段判断岸线风景名胜丰富度(平均每千米岸线沿岸的风景名胜数量)。风景名胜丰富度高于 E_2 为风景名胜丰富度高,风景名胜丰富度低于 E_2 高于 E_1 为

风景名胜丰富度中等，风景名胜丰富度低于 E_1 为风景名胜丰富度低。并通过
ArcGIS 制图进行空间表达和空间分析（图 2-9）。

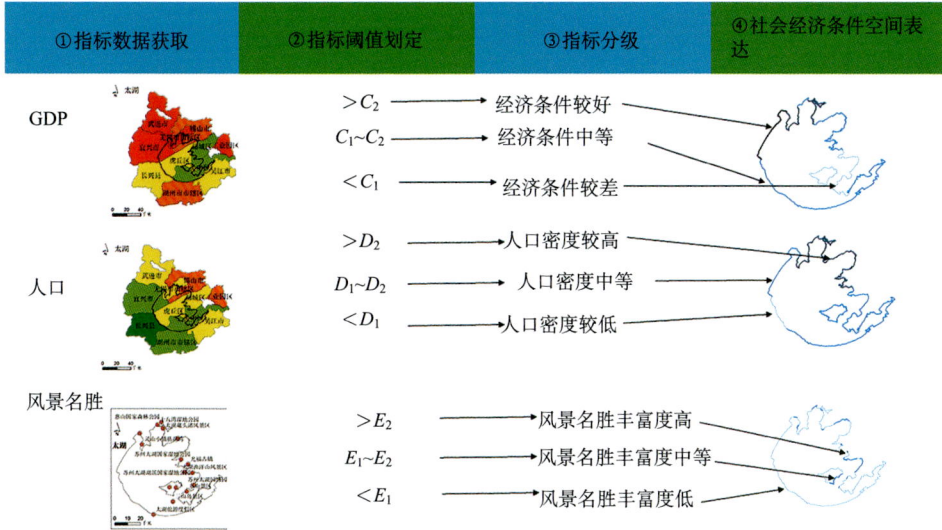

图 2-9　湖泊岸线社会经济条件评价技术

3. 社会经济条件评价结果统计

对不同湖泊、不同岸段岸线资源社会经济条件分级数据进行结果统计，包括
不同社会经济条件等级岸线长度和岸线比例（表 2-31，表 2-32）。

表 2-31　长江经济带不同湖泊岸线资源社会经济条件统计表

不同湖泊	岸线长度/km			岸线比例/%		
	社会经济条件好	社会经济条件一般	社会经济条件较差	社会经济条件好	社会经济条件一般	社会经济条件较差
××湖						
××湖						
××湖						
……						
总计						

表 2-32 长江经济带不同岸段岸线资源社会经济条件统计表

不同岸段	岸线长度/km			岸线比例/%		
	社会经济条件好	社会经济条件一般	社会经济条件较差	社会经济条件好	社会经济条件一般	社会经济条件较差
××至××岸段						
××至××岸段						
××至××岸段						
……						
总计						

2.3.4 岸线交通条件评价

1. 岸线交通条件分级标准

岸段交通可达性是指岸线最近居民点到达岸段所需花费的时间(h)(表 2-33)。基于长江经济带各级路网数据,在 ArcGIS 平台中构建交通可达性计算模型。岸段交通可达性小于 1.3h 的为交通便利(Ⅰ级),1.3～3.6h 的为交通条件中等(Ⅱ级),大于 3.6h 的为交通条件较差(Ⅲ级)(表 2-34)。

表 2-33 交通条件评价指标

属性层	指标层	指标阈值	交通条件	分级
交通条件	交通可达性	$<F_1$	交通便利	Ⅰ级
		$F_1 \sim F_2$	交通条件中等	Ⅱ级
		$>F_2$	交通条件较差	Ⅲ级

表 2-34 长江经济带交通条件评价指标

属性层	指标层	指标阈值	交通条件	分级
交通条件	交通可达性	<1.3h	交通便利	Ⅰ级
		1.3～3.6h	交通条件中等	Ⅱ级
		>3.6h	交通条件较差	Ⅲ级

2. 岸线交通条件评价技术标准

获取长江经济带各级路网矢量数据:高速公路、国道、省道、普速铁路、高铁、其他道路。定义各级路网平均时速,无路网区域定义为步行模式可到达的区域，时速为 5km/h。在 ArcGIS 平台中构建交通可达性计算模型，提取岸线最近居民点到达湖泊岸线所需时间。岸段交通可达性小于 F_1 个小时的为交通便利（I 级），$F_1\sim F_2$ 个小时的为交通条件中等（II 级），大于 F_2 个小时的为交通条件较差（III 级）（图 2-10）。

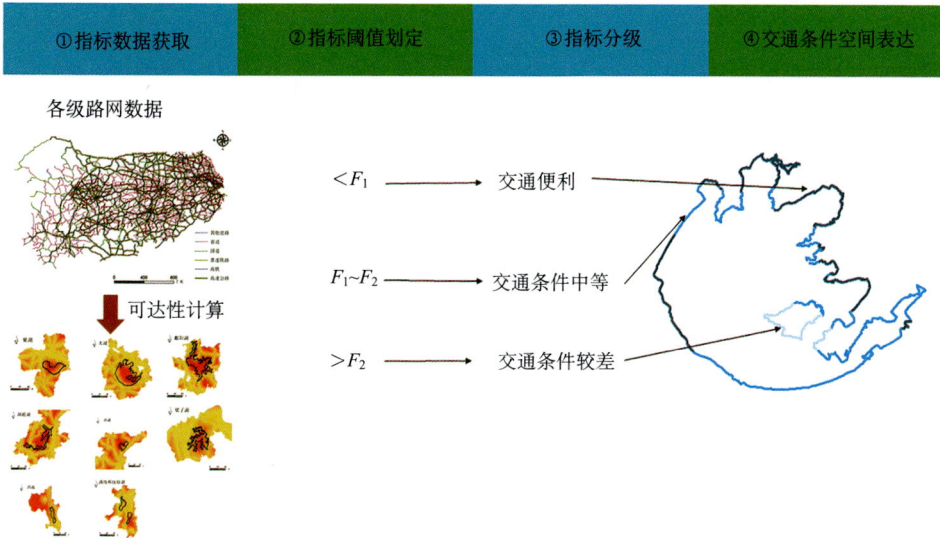

图 2-10　湖泊岸线交通条件评价技术

3. 交通条件评价结果统计

对不同湖泊、不同岸段岸线资源交通条件分级数据进行结果统计，包括不同交通条件等级岸线长度和岸线比例（表 2-35，表 2-36）。

表 2-35　长江经济带不同湖泊岸线资源交通条件统计表

不同湖泊	岸线长度/km			岸线比例/%		
	交通便利	交通条件中等	交通条件较差	交通便利	交通条件中等	交通条件较差
××湖						
××湖						
××湖						
……						
总计						

表 2-36   长江经济带不同岸段岸线资源交通条件统计表

表 2-36   长江经济带不同岸段岸线资源交通条件统计表

不同岸段	岸线长度/km			岸线比例/%		
	交通便利	交通条件中等	交通条件较差	交通便利	交通条件中等	交通条件较差
××至××岸段						
××至××岸段						
××至××岸段						
……						
总计						

2.3.5   岸线开发适宜性综合评价

耦合湖泊岸线本底条件、社会经济条件、交通可达性等指标，综合评价岸线开发适宜性（表 2-37，表 2-38）。

表 2-37   岸线资源开发适宜性评估准则

目标层	属性层	指标层	指标阈值	开发适宜性	分级
岸线开发利用适宜性评价	自然本底条件	湖泊水量	>100 亿 m^3	开发适宜性好	I 级
			20 亿~100 亿 m^3	开发适宜性中等	II 级
			<20 亿 m^3	开发适宜性较差	III 级
		湖泊水质	I 类、II 类	开发适宜性好	I 级
			III 类、IV 类	开发适宜性中等	II 级
			≥V 类	开发适宜性较差	III 级
		后方陆域条件	城镇区域	开发适宜性好	I 级
			远郊	开发适宜性中等	II 级
			自然洲滩、山体	开发适宜性较差	III 级
	社会经济条件	所在县域人均GDP	>12 万元/年	开发适宜性好	I 级
			6 万~12 万元/年	开发适宜性中等	II 级
			<6 万元/年	开发适宜性较差	III 级
		所在县域人口密度	>0.25 万人/km^2	开发适宜性好	I 级
			0.1 万~0.25 万人/km^2	开发适宜性中等	II 级
			<0.1 万人/km^2	开发适宜性较差	III 级

续表

目标层	属性层	指标层	指标阈值	开发适宜性	分级
岸线开发利用适宜性评价	社会经济条件	风景名胜丰富度	>0.8 个/km	开发适宜性好	I 级
			0.2～0.8 个/km	开发适宜性中等	II 级
			<0.2 个/km	开发适宜性较差	III 级
	交通条件	岸段交通可达性	<1.3h	开发适宜性好	I 级
			1.3～3.6h	开发适宜性中等	II 级
			>3.6h	开发适宜性较差	III 级

表 2-38　湖泊岸线资源开发适宜性评估准则

目标层	属性层	指标层	指标阈值	开发适宜性	分级
湖泊岸线开发利用适宜性评价	自然本底条件	湖泊水量	$>A_2$	开发适宜性好	I 级
			$A_1～A_2$	开发适宜性中等	II 级
			$<A_1$	开发适宜性较差	III 级
		湖泊水质	$<B_1$	开发适宜性好	I 级
			$B_1～B_2$	开发适宜性中等	II 级
			$>B_2$	开发适宜性较差	III 级
		后方陆域条件	—	开发适宜性好	I 级
			—	开发适宜性中等	II 级
			—	开发适宜性较差	III 级
	社会经济条件	所在县域人均GDP	$>C_2$	开发适宜性好	I 级
			$C_1～C_2$	开发适宜性中等	II 级
			$<C_1$	开发适宜性较差	III 级
		所在县域人口密度	$>D_2$	开发适宜性好	I 级
			$D_1～D_2$	开发适宜性中等	II 级
			$<D_1$	开发适宜性较差	III 级
		风景名胜丰富度	$>E_2$	开发适宜性好	I 级
			$E_1～E_2$	开发适宜性中等	II 级
			$<E_1$	开发适宜性较差	III 级
	交通条件	岸段交通可达性	$<F_1$	开发适宜性好	I 级
			$F_1～F_2$	开发适宜性中等	II 级
			$>F_2$	开发适宜性较差	III 级

2.4　海岸线资源开发适宜性评价技术

适宜性评价是专门针对某一种利用方式对岸线进行适宜程度的评价，其评价结果是划分出岸线针对特定用途的适宜类别，一般可用适宜、临界适宜和不适宜来表述适宜的类别特征。对于海岸线，选取岸前水域条件、岸线稳定性、后方陆域条件、近海潮汐状况及与后方城市的交通便捷度等构建岸线开发利用适宜性评价指标体系进行综合评价（表 2-39）。结合沿海岸线数据的可获取性，岸前水域条件指标使用等深线离岸距离，岸线稳定性指标使用岸线的地质岩性，后方陆域条件指标使用陆域纵深，近海潮汐状况指标使用潮差高度，与后方城市交通便捷度指标使用邻近城镇距离。海岸线开发适宜性评价指标等级划定标准如表 2-40 所示，I 级最佳，II 级次之，III 级最次。

表 2-39　海岸线开发适宜性评价指标体系

目标层	指标层	数据层
海岸线开发利用适宜性评价 A	岸前水域条件 B_1	等深线离岸距离 C_1
	岸线稳定性 B_2	岸线地质岩性 C_2
	后方陆域条件 B_3	陆域纵深 C_3
	近海潮汐状况 B_4	潮差高度 C_4
	与后方城市交通便捷度 B_5	邻近城镇距离 C_5

表 2-40　海岸线开发适宜性等级划定标准

指标层	评价指标标准值		
	I	II	III
C_1	负 10m 等深线距岸 500m 以内的岸段	负 10m 等深线距岸介于 500～1000m 的岸段	负 10m 等深线距岸大于 1000m 的岸段
C_2	稳定岸线	一般稳定岸线	不稳定岸线
C_3	>1000m	500～1000m	<500m
C_4	<2.5m	2.5～3.5m	>3.5m
C_5	<1000m	1000～2000m	>2000m

第 3 章　岸线资源生态敏感性评价技术

3.1　长江干流岸线资源生态敏感性评价技术

岸线资源生态敏感性评价选取自然保护区、水产种质资源保护区、重要饮用水水源地、蓄滞洪区、自然滩地、洲滩岸线构建指标体系（段学军等，2015，2018，2019a，2019b；王雅竹和段学军，2019；邹辉等，2019），一定程度上克服了岸线资源保护的水陆协调瓶颈，凸显了岸线资源的水域陆域交界带的特征；不仅考虑水域自然保护区与水产保护区，考虑陆域防洪蓄洪区，同时创新性地加入了自然滩地保护要素，加强长江干流岸线资源的水生动物、水产资源栖息地和繁育场特征，综合考量岸线资源在生态保护、饮水安全、防洪安全等方面的综合生态功能。结合广泛调研与专家访谈，对岸线生态环境敏感因子进行权重赋值，并对生态环境敏感性不同分值岸段进行敏感程度等级划分。

3.1.1　岸线生态环境敏感目标识别

长江干流岸线生态环境敏感目标从自然保护区、水产种质资源保护区、重要饮用水水源地、蓄滞洪区、自然滩地、洲滩岸线等方面开展识别。

1. 自然保护区

识别自然保护区：名称、类型（森林生态/野生动物/内陆湿地等）、级别、涉及行政区、建立时间、面积、主管部门、主要保护对象、岸段起止坐标等（表3-1）。

表 3-1　长江干流自然保护区识别统计表

序号	河段名称	保护区名称	类型	级别	行政区	建立时间	面积/hm²	主管部门	保护对象	岸段起止坐标	备注
1											
2											
3											
……											

长江岸线涉及自然保护区包括长江上游珍稀特有鱼类国家级自然保护区、长江天鹅洲白鱀豚国家级自然保护区、长江新螺段白鱀豚国家级自然保护区、铜陵淡水豚国家级自然保护区等国家级自然保护区以及湖北监利何王庙长江江豚省级自然保护区、上海市长江口中华鲟自然保护区、长江湖北宜昌中华鲟省级自然保护区、镇江长江豚类省级自然保护区等省级自然保护区（表 3-2）。

表 3-2　长江干流及沿岸水生生物自然保护区

保护区名称	行政区域	面积/hm²	主要保护对象	级别
上海市长江口中华鲟自然保护区	上海市崇明区	69600	中华鲟等珍稀鱼类	省级
镇江长江豚类省级自然保护区	江苏省镇江市	5730	淡水豚类及其生境	省级
铜陵淡水豚国家级自然保护区	安徽省铜陵市	31518	白鱀豚、江豚、中华鲟	国家级
长江湖北宜昌中华鲟省级自然保护区	湖北省宜昌市点军区	5000	中华鲟及其生境	省级
长江天鹅洲白鱀豚国家级自然保护区	湖北省石首市	5000	白鱀豚、江豚及其生境	国家级
长江新螺段白鱀豚国家级自然保护区	湖北省洪湖市、赤壁市、嘉鱼县	13500	白鱀豚、江豚、中华鲟及其生境	国家级
湖北监利何王庙长江江豚省级自然保护区	湖北省监利县	46669	江豚	省级
长江上游珍稀特有鱼类国家级自然保护区	四川省、贵州省、云南省、重庆市	31714	珍稀鱼类及河流生态系统	国家级

2. 水产种质资源保护区

识别水产种质资源保护区：名称、类型（森林生态/野生动物/内陆湿地等）、级别、涉及行政区、建立时间、面积、主要保护对象、岸段起止坐标等（表 3-3）。

表 3-3　长江干流水产种质资源保护区识别统计表

序号	河段名称	保护区名称	类型	级别	行政区	建立时间	总面积	核心区面积	特别保护期	主要保护对象	岸段起止坐标	备注
1												
2												
3												
……												

长江岸线涉及水产种质资源保护区包括长江重庆段、监利段、黄石段、安庆段、扬州段四大家鱼水产种质资源保护区、长江八里江段长吻鮠鲶水产种质资源保护区、长江安庆段长吻鮠大口鲶鳜鱼水产种质资源保护区、长江大胜关长吻鮠铜鱼水产种质资源保护区、长江扬中段暗纹东方鲀刀鲚水产种质资源保护区、长江靖江段中华绒螯蟹鳜鱼水产种质资源保护区、长江如皋段刀鲚水产种质资源保护区、长江刀鲚水产种质资源保护区等。

3. 重要饮用水水源地

长江干流重要饮用水水源地 152 处，其中重庆 57 处、湖北 34 处、江苏 29 处、安徽 19 处、四川 5 处、上海 3 处、江西 3 处、湖南 2 处（表 3-4，表 3-5）。

表 3-4　长江干流饮用水水源地统计表

省份	城市	序号	县（市、区）	水源地名称	水源地所在地	饮用水编码	服务城镇	取水口名称（水厂名称）	取水口坐标		保护区范围					
											一级保护区		二级保护区		准保护区	
									经度	纬度	水域	陆域	水域	陆域	水域	陆域

表 3-5　长江干流主要饮用水水源地名录

省份	城市	序号	县（市、区）	水源地名称
四川省	宜宾市	1	南溪县	长江西门水源地
		2	江安县	长江牛角坝水源地
	泸州市	3	江阳区	长江五渡溪水源地
		4	江阳区	长江观音寺水源地
		5	龙马潭区	长江石堡湾水源地
重庆市		6	涪陵区	涪陵长江涪陵二水厂水源地
		7	涪陵区	涪陵长江李渡水厂水源地
		8	涪陵区	涪陵长江江北水厂水源地
		9	涪陵区	珍溪镇二水厂水源地
		10	江津区	江津区自来水有限公司二沱水源地
		11	江津区	重庆市江津区龙华自来水厂水源地
		12	江津区	江津区长江石门水厂水源地
		13	江津区	江津区海华自来水有限责任公司水源地
		14	江津区	重庆市江津区渝津自来水有限公司水源地（滨江大桥南桥头）
		15	江津区	重庆市江津区渝津自来水有限责任公司水源地（朝天嘴）
		16	江津区	江津区珞璜自来水公司水源地
		17	江津区	江津区长江泽惠水务有限公司水源地
		18	江津区	江津区石蟆镇二溪村用水户协会水源地
		19	江津区	江津区石蟆镇东溪村村委会水源地
		20	江津区	江津区德富自来水厂水源地
		21	永川区	永川区惠永水务有限公司水源地
		22	永川区	永川区港桥水务有限公司水源地
		23	渝中区	渝中区水厂水源地
		24	九龙坡区	重庆市自来水公司和尚山水厂水源地
		25	九龙坡区	重庆市九龙坡区大学城水厂水源地
		26	九龙坡区	建设工业（集团）自备水厂水源地
		27	九龙坡区	西南铝业（集团）公司水厂水源地
		28	九龙坡区	铜罐驿镇自来水公司水源地

续表

省份	城市	序号	县（市、区）	水源地名称
重庆市		29	九龙坡区	重庆四维自来水公司水源地
		30	九龙坡区	重庆汤家沱水厂水源地
		31	大渡口区	茄子溪水厂水源地
		32	大渡口区	重庆市重型铸锻厂自备水厂水源地
		33	大渡口区	重庆市自来水有限公司丰收坝水厂水源地
		34	江北区	重庆中法供水有限公司水源地（汇川门）
		35	江北区	重庆市两江水务有限公司鱼嘴水厂长江水源地
		36	江北区	重庆东风船舶工业公司水源地
		37	江北区	重庆市两江水务有限公司琏珠水厂长江水源地
		38	江北区	重庆东渝自来水有限公司水源区长江水源地
		39	南岸区	黄桷渡水厂水源地
		40	南岸区	玄坛庙水厂水源地
		41	南岸区	重庆广阳造船厂水厂水源地
		42	南岸区	重庆市兴源供水技术有限公司水源地
		43	巴南区	大江水厂水源地
		44	巴南区	道角水厂水源地
		45	巴南区	花溪饮灌站水源地
		46	巴南区	重庆大江工业（集团）公司水源地
		47	巴南区	鱼洞水厂水源地
		48	巴南区	南城水务水源地
		49	巴南区	重庆机床厂水源地
		50	渝北区	洛碛水厂水源地
		51	渝北区	重庆川庆化工厂自备水厂水源地
		52	奉节县	奉节白马水厂水源地
		53	奉节县	奉节县宝塔坪水厂水源地
		54	云阳县	云阳县自来水公司水源地
		55	云阳县	云阳县云安自来水公司水源地
		56	忠县	忠县白公祠水厂水源地
		57	忠县	忠县苏家水厂水源地
		58	万州区	万州区自来水公司三水厂水源地

省份	城市	序号	县（市、区）	水源地名称
重庆市		59	万州区	万州区自来水公司四水厂水源地
		60	巫山县	巫山县自来水公司水源地
		61	丰都县	丰都县自来水有限公司水源地
		62	丰都县	丰都县自来水有限公司斜南溪水厂水源地
湖北省	武汉市	63	汉南区	汉武水厂水源地
		64	江夏区	江夏水厂水源地
		65	武汉经济技术开发区	沌口水厂水源地
		66	洪山区	白沙洲水厂水源地
		67	武昌区	平湖门水厂水源地
		68	武昌区	余家头水厂水源地
		69	江岸区	堤角水厂水源地
		70	青山区	港东水厂水源地
		71	黄陂区	黄陂武湖水厂水源地
		72	新洲区	新洲阳逻水厂水源地
	黄石市	73	黄石市市辖区	黄石市区长江水源地
	荆州市	74	沙市区	南湖水厂水源地
		75	沙市区	柳林水厂水源地
		76	荆州区	郢都水厂水源地
		77	荆州区	荆州城南水厂水源地
		78	石首市	石首第二水厂水源地
		79	洪湖市	洪湖陵园水厂水源地
		80	公安县	公安县城区宏源自来水公司水源地
		81	监利县	监利县第一水厂饮用水水源地
		82	监利县	监利县第二水厂饮用水水源地
		83	江陵县	江陵县城区水厂水源地
	宜昌市	84	葛洲坝	葛洲坝四公司供水公司西坝水厂水源地
		85	宜都市	宜都市供水总公司陆城二水厂水源地
		86	枝江市	枝江市马家店水厂水源地
		87	秭归县	秭归县凤凰山长江段水源地
	鄂州市	88	鄂城区	长江雨台山饮用水水源地
		89	鄂城区	长江凤凰台饮用水水源地

续表

省份	城市	序号	县（市、区）	水源地名称
湖北省	鄂州市	90	华容区	长江华容泥矶饮用水水源地
	黄冈市	91	黄州区	黄冈市二水厂水源地
		92	黄州区	黄冈市三水厂水源地
		93	武穴市	武穴市第二水厂水源地
		94	团风县	团风县城镇自来水公司水源地
	咸宁市	95	嘉鱼县	咸宁市长江潘家湾水源地
		96	嘉鱼县	嘉鱼县石矶头水源地
湖南省	岳阳市	97	君山区	岳阳市长江君山段饮用水水源保护区
		98	华容县	岳阳市华容县长江天字一号饮用水水源保护区
江西省	九江市	99	九江市市辖区	长江九江饮用水水源地
		100	九江县	长江沙河饮用水水源地
		101	彭泽县	彭泽县自来水公司水源地
安徽省	马鞍山市	102	花山区	花山水厂水源地
		103	雨山区	长江采石水源地
		104	花山区	长江慈湖水源地
		105	当涂县	当涂县二水厂水源地
		106	和县	和县华水水务有限公司水源地
	芜湖市	107	无为县	无为自来水公司长江水源地
		108	弋江区	利民路水厂水源地
		109	弋江区	漳河水源地
		110	镜湖区	杨家门水厂水源地
		111	芜湖县	芜湖县自来水厂水源地
		112	繁昌县	繁昌县芦南水厂水源地
	铜陵市	113	义安区	一、二水厂水源地
		114	义安区	市三水厂水源地
	池州市	115	贵池区	民生水源地
		116	东至县	尧渡河水源地
		117	东至县	龙江水源地
	安庆市	118	安庆市（大观区）	三水厂水源地
		119	枞阳县	枞阳县自来水厂
		120	望江县	望江县第二自来水有限公司水源地
江苏省	南京市	121	建邺区	夹江水源地
		122	栖霞区	燕子矶水源地

续表

省份	城市	序号	县（市、区）	水源地名称
江苏省	南京市	123	栖霞区	八卦洲（左汊）上坝水源地
		124	浦口区	江浦、浦口水源地
		125	江宁区	江宁子汇洲水源地（在建）
		126	栖霞区	龙潭水源地（在建）
	无锡市	127	江阴市	长江窑港口水源地
		128	江阴市	长江小湾水源地
		129	江阴市	长江肖山水源地
	常州市	130	新北区	长江西石桥水源地
		131	新北区	长江魏村水源地
	苏州市	132	常熟市	长江常熟水源地
		133	张家港市	长江张家港三水厂水源地
		134	太仓市	长江太仓浪港水源地
		135	太仓市	长江太仓浏河水源地
	南通市	136	崇川区	长江狼山水源地
		137	崇川区	长江洪港水源地
		138	港闸区	长江芦泾港水源地
		139	海门市	长江海门水源地
		140	如皋市	长江长青沙水源地
	扬州市	141	邗江区	长江瓜洲饮用水水源保护区
		142	江都区	长江三江营饮用水水源保护区（原扬中备用水源地）
		143	江都区	三江营饮用水水源保护区
		144	仪征市	仪征港仪供水公司、仪化水厂长江饮用水水源保护区
	镇江市	145	润州区	长江征润洲水源地
		146	扬中市	长江扬中二墩港水源地
		147	丹阳市	江心洲（丹阳）水源地
	泰州市	148	高港区	长江永安州永正水源地
		149	靖江市	长江蟛蜞港水源地
上海市		150	宝山区	长江—陈行水源地
		151	崇明区	上海市长江青草沙水源地
		152	崇明区	长江—东风西沙水源地

4. 蓄滞洪区岸段

长江干流蓄滞洪区主要包括洗市扩大区、荆江分洪区、虎西备蓄区、人民大垸、建新、君山、洪湖、江南陆城、杜家台、西凉湖、东西湖、武湖、涨渡湖、白潭湖、华阳河等蓄滞洪区片区。

5. 自然滩地与洲滩岸线

自然滩地作为自然岸线最重要的组成部分，具有重要的生态环境功能；洲滩岸线同主江岸线一样是长江岸线的重要组成部分，同时洲滩岸线除中下游有开发利用活动以外，中上游大部分洲滩岸线亦发挥着重要的生态功能。评估岸线生态敏感性过程中对自然滩地的选择主要考虑滩地的集中连片和规模、不考虑是否已开发利用，以期充分评估已有开发利用活动对滩地的侵占影响。洲滩岸线为长江除崇明岛和扬中岛以外的其他洲岛岸线，共计洲岛/洲滩个数达近 70 个（表 3-6）。

表 3-6　长江干流主要江心洲名录及岸线开发状况表

城市	江心洲名称	江心洲开发情况	岸线总长/km
宜宾	双江村	零散村庄	6
	瀛洲阁	零散村庄	4
	中坝	零散村庄	6
泸州	弥陀镇长江村		6
	石羊镇中坝	零散乡村	6
	特兴镇大中坝		5
重庆	郭家沱下游广阳岛	城镇开发	12
	黑巷子中坝	密集乡村	9
	麻柳嘴镇上游南平坝（八角村）	零散乡村	4
	木洞镇上游中坝	零散村庄	4
	木洞镇下游苏家浩	零散村庄	10
	清溪镇下游坪西坝	零散乡村	4
	珊瑚坝		2
	石门镇下游中坝		3
	忠县黄华村		6
	朱沱镇下游温中坝		2
宜昌	董市镇小洲		3
	七星台镇江洲		6

城市	江心洲名称	江心洲开发情况	岸线总长/km
宜昌	宜昌潘家坨		7
	枝城关洲		7
荆州	公安县南兴洲		9
	洪湖南门洲		21
	监利江心洲		13
	陆溪镇江心洲		8
	新厂镇黄家垸子小洲		9
	杨林矶上游江心洲		7
咸宁	嘉鱼县白沙洲		29
	簰洲湾镇团洲		11
武汉	武汉天兴洲		23
黄冈	黄州沙洲		11
	龙坪镇下游江心洲	零散乡村	18
	团风罗霍洲	零散村庄、港口开发	19
	杨叶镇江心洲		23
黄石	河口镇沙洲		10
九江	芙蓉墩镇夜字号		12
	九江何家墩洲	零散乡村	13
	九江江洲镇	零散乡村	41
	棉船镇洲		39
安庆	鹅毛洲		9
	新洲乡洲	零散乡村	22
	玉带洲		18
	洲头乡洲头		7
池州	黄石矶江心洲		17
铜陵	老洲岛	乡村	29
	藕山镇子洲	乡村	26
	铁铜乡洲		15
	铜陵大通镇铁板洲	乡村	19
	长沙洲	乡镇	18
芜湖	和县陈桥洲	乡村	14
	黑沙洲	乡镇	36
马鞍山	马鞍山江心乡洲	乡村	39
	小黄洲		17

续表

城市	江心洲名称	江心洲开发情况	岸线总长/km
南京	八卦洲	乡村、港口工业	32
	南京江心洲	大规模城镇开发	25
	新济洲	农业	15
	新生洲	农业	15
	子母洲		12
镇江	世业洲	密集乡村、工业	28
	小泡沙		6
	镇江复兴村江心洲	农业、少量工业	20
	镇江焦山江心洲	农业	29
	镇江雷公咀		12
泰州	虹桥镇江心洲		18
	民主滩（和平滩）		11
常州	常州下开沙	大规模港口码头	11
南通	民主滩（和平滩）		5
	长青沙	大规模港口工业、城镇	30
苏州	双山沙	乡村、高尔夫球场	20
总计			1000

注：江心洲岸线长度及岸线开放状况数据来源于中国科学院南京地理与湖泊研究所"长江经济带岸线资源调查与评估"研究成果，采用资源三号遥感影像（2017 年）解译处理。

6. 河口岸线

长江入江河口是水文、水生动物交互的重要岸段与区域，具有重要的生态价值；同时入江河口亦是流域水体污染物汇入长江的关键节点，具有重要的环境管控意义。入江河口岸线的利用与保护关系到长江的生态环境安全，特别是部分重要的河口（湖口）是珍稀水生动物洄游通道，对河口（湖口）人类活动的约束与管控有利于维护生态通道的畅通。河口岸线具有重要的生态功能价值，同时生态环境极其敏感。调查入江河口（湖口）岸线开发利用状况如表 3-7 所示。

表 3-7　长江主要入江河口（湖口）目录及岸线利用状况表

序号	江段	城市	支流名称	入江口左岸岸线类型	入江口右岸岸线类型	对岸岸线类型	支流入江口自然状态评价
1	上游	宜宾	岷江	自然	城镇	城镇	城镇生活岸线
2	上游	宜宾	长宁河（淯江河）	自然	城镇	自然	城镇生活岸线

序号	江段	城市	支流名称	入江口左岸岸线类型	入江口右岸岸线类型	对岸岸线类型	支流入江口自然状态评价
3	上游	宜宾	南广河	城镇	城镇	城镇	城镇生活岸线
4	上游	泸州	沱江	城镇	城镇	城镇	城镇生活岸线
5	上游	泸州	赤水河	城镇	码头	自然	码头工业岸线
6	上游	泸州	永宁河	城镇	码头	自然	码头工业岸线
7	上游	重庆	小江	城镇	城镇	自然	城镇生活岸线
8	上游	重庆	大宁河	城镇	码头	自然	码头工业岸线
9	上游	重庆	龙船河	城镇	城镇	城镇	城镇生活岸线
10	上游	重庆	梅溪河	自然	城镇	城镇	城镇生活岸线
11	上游	重庆	汤溪河	城镇	自然	自然	城镇生活岸线
12	上游	重庆	大溪河	自然	自然	自然	自然岸线
13	上游	重庆	黄金河	城镇	码头	城镇	码头工业岸线
14	上游	重庆	磨刀溪	自然	自然	自然	自然岸线
15	上游	重庆	龙溪河	城镇	城镇	自然	城镇生活岸线
16	上游	重庆	渠溪河	码头	自然	自然	码头工业岸线
17	上游	重庆	御临河	自然	自然	自然	自然岸线
18	上游	重庆	龙河	城镇	城镇	自然	城镇生活岸线
19	上游	重庆	嘉陵江	城镇	码头	城镇	码头工业岸线
20	上游	重庆	乌江	码头	城镇	城镇	码头工业岸线
21	上游	重庆	璧南河	自然	城镇	自然	城镇生活岸线
22	上游	重庆	五布河	自然	城镇	自然	城镇生活岸线
23	上游	重庆	塘河	自然	自然	自然	自然岸线
24	上游	重庆	綦江	自然	工业	城镇	码头工业岸线
25	上游	重庆	石芦河	城镇	自然	自然	城镇生活岸线
26	上游	宜昌	香溪河	自然	自然	城镇	自然岸线
27	上游	宜昌	黄柏河	城镇	城镇	城镇	城镇生活岸线
28	中游	宜昌	清江	自然	城镇	自然	城镇生活岸线
29	中游	荆州	沮漳河	自然	自然	码头	自然岸线
30	中游	荆州	东荆河	自然	自然	自然	自然岸线
31	中游	荆州	内荆河	码头	自然	自然	码头工业岸线
32	中游	荆州	松滋河	自然	自然	自然	自然岸线
33	中游	荆州	虎渡河	自然	自然	自然	自然岸线
34	中游	岳阳	洞庭湖口	自然	码头	自然	码头工业岸线
35	中游	咸宁	陆水	自然	码头	自然	码头工业岸线

续表

序号	江段	城市	支流名称	入江口左岸岸线类型	入江口右岸岸线类型	对岸岸线类型	支流入江口自然状态评价
36	中游	武汉	府河	工业	码头	工业	码头工业岸线
37	中游	武汉	汉江	码头	城镇	城镇	码头工业岸线
38	中游	武汉	东河	工业	自然	自然	码头工业岸线
39	中游	武汉	倒水河	码头	码头	码头	码头工业岸线
40	中游	黄冈	举水	城镇	自然	自然	城镇生活岸线
41	中游	黄冈	巴水	码头	自然	码头	码头工业岸线
42	中游	黄冈	浠水	码头	自然	自然	码头工业岸线
43	中游	黄冈	蕲水	码头	自然	码头	码头工业岸线
44	中游	黄石	富水	城镇	码头	码头	码头工业岸线
45	中游	九江	鄱阳湖口	自然	码头	自然	码头工业岸线
46	下游	安庆	罗昌河	自然	自然	自然	自然岸线
47	下游	安庆	大沙河	码头	自然	自然	码头工业岸线
48	下游	安庆	皖河	码头	自然	自然	码头工业岸线
49	下游	安庆	华阳河	自然	自然	自然	自然岸线
50	下游	池州	秋浦河	自然	码头	自然	码头工业岸线
51	下游	铜陵	大通河	自然	码头	自然	码头工业岸线
52	下游	芜湖	漳河	自然	自然	工业	自然岸线
53	下游	马鞍山	裕溪河（漕河）	城镇	自然	自然	城镇生活岸线
54	下游	马鞍山	姑溪河	工业	码头	自然	码头工业岸线
55	下游	南京	滁河	自然	自然	码头	自然岸线
56	下游	南京	秦淮新河	码头	城镇	自然	码头工业岸线
57	下游	南京	秦淮新河	码头	自然	自然	码头工业岸线
58	下游	南京	马汉河	码头	码头	自然	码头工业岸线
59	下游	扬州	淮河下游（入江水道）	码头	自然	自然	码头工业岸线
60	下游	泰州	泰州引江河	工业	码头	自然	码头工业岸线
61	下游	泰州	焦港	码头	码头	自然	码头工业岸线
62	下游	泰州	古马干河	码头	码头	自然	码头工业岸线
63	下游	无锡	锡澄运河	码头	码头	码头	码头工业岸线
64	下游	苏州	望虞河	工业	自然	自然	码头工业岸线
65	下游	苏州	巫山港	码头	码头	自然	码头工业岸线
66	下游	苏州	七浦塘	城镇	城镇	自然	城镇生活岸线
67	下游	苏州	浏河	码头	自然	自然	码头工业岸线
68	下游	苏州	十一圩港	码头	码头	码头	码头工业岸线

序号	江段	城市	支流名称	入江口左岸岸线类型	入江口右岸岸线类型	对岸岸线类型	支流入江口自然状态评价
69	下游	苏州	常浒河	工业	码头	工业	码头工业岸线
70	下游	苏州	白茆塘	工业	工业	码头	码头工业岸线
71	下游	南通	三和港	自然	工业	自然	码头工业岸线
72	下游	南通	如海运河	自然	自然	自然	自然岸线
73	下游	南通	九圩港	码头	码头	码头	码头工业岸线
74	下游	上海	黄浦江	码头	城镇	自然	码头工业岸线

3.1.2 岸线生态环境敏感性评估分析

构建自然保护区、水产种质资源保护区、重要饮用水水源地、蓄滞洪区、自然滩地、洲滩岸线的评估指标体系及敏感性等级划定标准（表 3-8，表 3-9）。将敏感性分值大于等于 8 的岸段划分为极度敏感等级，分值为 6～7 的岸段划分为重度敏感等级，分值为 4～5 的岸段划分为中度敏感等级，分值为 2～3 的岸段划分为轻度敏感等级，分值为 0～1 的岸段划分为不敏感等级（表 3-10）。

表 3-8　长江干流岸线生态环境敏感性因子赋值

类型	分区	敏感性分值
自然保护区（国家级）	核心区	
	缓冲区	
	实验区	
自然保护区（省级）	核心区	
	缓冲区	
	实验区	
国家级水产种质资源保护区	核心区	
	实验区	
蓄滞洪区	重要	
	一般	
饮用水水源地	—	
自然滩地	—	
洲滩岸线	—	
河口	—	
……	……	

表 3-9　长江干流岸线生态环境敏感性因子赋值（含参考值）

类型	分区	敏感性分值
自然保护区（国家级）	核心区	5
	缓冲区	4
	实验区	3
自然保护区（省级）	核心区	3
	缓冲区	2
	实验区	1
国家级水产种质资源保护区	核心区	3
	实验区	1
蓄滞洪区	重要	2
	一般	1
饮用水水源地	—	2
自然滩地	—	3
洲滩岸线	—	2

表 3-10　长江干流岸线生态环境敏感性等级划定标准

敏感程度类型	不敏感	轻度敏感	中度敏感	重度敏感	极度敏感
敏感性分值	≤1	2～3	4～5	6～7	≥8

3.2　主要支流岸线资源生态敏感性评价技术

依据长江主要支流岸线资源本底条件，分别构建以自然保护区、水产种质资源保护区、饮用水水源地保护区、重要湿地等为指标的岸线生态环境敏感性评价指标体系及敏感性等级划定标准，对长江主要支流开展生态敏感性评价。识别生态高敏感性、对维护内河生态健康及生态安全具有重要作用的岸线区段，并将其作为严格进行生态保护和刚性约束的区域。

3.2.1　岸线生态环境敏感目标识别

长江主要支流岸线生态环境敏感目标主要从自然保护区、水产种质资源保护区、重要饮用水水源地、风景名胜区、湿地公园、地质公园、森林公园、水库、生物多样性优先保护区等方面开展识别。

1. 自然保护区

识别自然保护区：名称、类型（森林生态/野生动物/内陆湿地等）、级别、涉及行政区、建立时间、面积、主管部门、主要保护对象、岸段起止坐标等（表 3-11）。

表 3-11　长江主要支流自然保护区识别统计表

序号	河段名称	保护区名称	类型	级别	行政区	建立时间	面积/hm²	主管部门	保护对象	岸段起止坐标	备注
1											
2											
3											
……											

长江主要支流岸线涉及的自然保护区包括长江上游珍稀特有鱼类国家级自然保护区、东洞庭湖国家级自然保护区、鄱阳湖国家级自然保护区实验区、老君山国家级自然保护区、大山包黑颈鹤国家级自然保护区（表 3-12）。

表 3-12　长江主要支流自然保护区名录

保护区名称	所属支流	行政区域	涉及岸线长度/km	主要保护对象	级别
长江上游珍稀特有鱼类国家级自然保护区	岷江	乐山市、宜宾市	155.43	珍稀特有鱼类及其生境	国家级
长江上游珍稀特有鱼类国家级自然保护区	金沙江	宜宾市、昭通市	60.84	珍稀特有鱼类及其生境	国家级
东洞庭湖国家级自然保护区	湘江	岳阳市	17.45	洞庭湖湿地生态和生物资源	国家级
鄱阳湖国家级自然保护区实验区	赣江	南昌市、九江市	42.26	白鹤等珍稀候鸟及其越冬地	国家级
老君山国家级自然保护区	金沙江	宜宾市	36.97	四川山鹧鸪及森林生态系统	国家级
大山包黑颈鹤国家级自然保护区	金沙江	昭通市	23.95	黑颈鹤及其生境	国家级

2. 水产种质资源保护区

识别水产种质资源保护区：名称、类型（森林生态/野生动物/内陆湿地等）、级别、涉及行政区、建立时间、面积、主要保护对象、岸段起止坐标等（表 3-13）。

表 3-13　长江主要支流水产种质资源保护区识别统计表

序号	河段名称	保护区名称	类型	级别	行政区	建立时间	面积/hm²	核心区面积	特别保护期	主要保护对象	岸段起止坐标	备注
1												
2												
3												
······												

　　长江主要支流岸线涉及水产种质资源保护区包括岷江长吻鮠国家级水产资源保护区、嘉陵江合川段水产种质资源保护区、嘉陵江南部段水产种质资源保护区、嘉陵江岩原鲤中华倒刺鲃水产种质资源保护区、汉江钟祥段鳡鳤鯮鱼水产资源保护区、汉江沙洋段长吻鮠瓦氏黄颡鱼水产种质资源保护区、汉江潜江段四大家鱼水产种质资源保护区、汉江汉川段四大家鱼水产种质资源保护区（表 3-14）。

表 3-14　长江主要支流水产种质资源保护区名录

保护区名称	所属支流	行政区域	涉及岸线长度/km	主要保护对象	级别
岷江长吻鮠国家级水产种质资源保护区	岷江	乐山市、眉山市	56.73	长吻鮠、南方鲇、瓦氏黄颡鱼等	国家级
嘉陵江合川段水产种质资源保护区	嘉陵江	重庆市	133.64	南方大口鲇	国家级
嘉陵江南部段水产种质资源保护区	嘉陵江	南充市	78.22	中华倒刺鲃、黄颡鱼、南方大口鲇、四川白甲鱼	国家级
嘉陵江岩原鲤中华倒刺鲃水产种质资源保护区	嘉陵江	广安市	39.75	岩原鲤、中华倒刺鲃	国家级
汉江钟祥段鳡鳤鯮鱼水产种质资源保护区	汉江	荆门市	117.88	鳡、鳤、鯮	国家级
汉江沙洋段长吻鮠瓦氏黄颡鱼水产种质资源保护区	汉江	天门市、荆门市	107.67	长吻鮠、瓦氏黄颡鱼等重要经济鱼类及其产卵场	国家级
汉江潜江段四大家鱼水产种质资源保护区	汉江	潜江市、天门市、仙桃市	100.55	翘嘴鲌	国家级
汉江汉川段四大家鱼水产种质资源保护区	汉江	武汉市、孝感市	125.02	四大家鱼	国家级

3. 风景名胜区

识别风景名胜区：名称、级别、涉及行政区、分类（山岳型、湖泊型、河川型、瀑布型、海岛海滨型、森林型）、面积、岸段起止坐标等（表 3-15）。

表 3-15 长江主要支流风景名胜区识别统计表

序号	河段名称	风景名胜区名称	级别	行政区	分类	面积/hm²	岸段起止坐标	备注
1								
2								
3								
......								

长江主要支流岸线涉及风景名胜区包括峨眉山—乐山大佛国家级风景名胜区、牟泥沟风景名胜区、松坪沟风景名胜区、乌江山峡国家级风景名胜区、叶坪红色旅游区、岳麓山风景区、重庆缙云山—钓鱼城风景名胜区、梨花湖风景名胜区、昭山风景区（表 3-16）。

表 3-16 长江主要支流风景名胜区名录

名称	所属支流	行政区域	涉及岸线长度/km	分类	级别
峨眉山—乐山大佛国家级风景名胜区	岷江	乐山市	13.10	山岳型	国家级
牟泥沟风景名胜区	岷江	阿坝州	3.57	森林型	国家级
松坪沟风景名胜区	岷江	阿坝州	25.14	森林型	国家级
乌江山峡国家级风景名胜区	乌江	重庆市、铜仁市	248.55	河川型	国家级
叶坪红色旅游区	赣江	赣州市	3.44	—	国家级
岳麓山风景区	湘江	长沙市	19.86	山岳型	国家级
重庆缙云山—钓鱼城风景名胜区	嘉陵江	重庆市	40.78	河川型	国家级
梨花湖风景名胜区	汉江	襄阳市	26.01	湖泊型	省级
昭山风景区	湘江	湘潭市、长沙市	14.43	山岳型	省级

4. 地质公园/森林公园/湿地公园

识别地质公园/森林公园/湿地公园：名称、级别、涉及行政区、面积、岸段起止坐标、保护对象、管理单位等（表 3-17）。

表 3-17　长江主要支流地质公园/森林公园/湿地公园识别统计表

序号	河段名称	名称	级别	行政区	面积/hm²	岸段起止坐标	保护对象	管理单位	备注
1									
2									
3									
......									

长江主要支流岸线涉及地质公园/森林公园/湿地公园包括：武隆岩溶国家地质公园、龙池国家森林公园、洋沙湖—东湖湿地公园、长寿岛国家湿地公园、谷城汉江国家湿地公园、万安湿地公园、大湖江国家湿地公园、万安云湖湿地公园、崔家营湿地公园、丰城玉龙河湿地公园、龙女湖湿地公园、九道湾湿地公园（表 3-18）。

表 3-18　长江主要支流地质公园/森林公园/湿地公园名录

名称	所属支流	行政区域	涉及岸线长度/km	级别
武隆岩溶国家地质公园	乌江	重庆市	31.67	国家级
龙池国家森林公园	岷江	重庆市、阿坝州	96.97	国家级
洋沙湖—东湖湿地公园	湘江	岳阳市	11.81	国家级
长寿岛国家湿地公园	汉江	襄阳市	34.33	国家级
谷城汉江国家湿地公园	汉江	襄阳市	19.38	国家级
万安湿地公园	赣江	吉安市	58.97	国家级
大湖江国家湿地公园	赣江	赣州市、吉安市	131.94	国家级
万安云湖湿地公园	赣江	吉安市	37.05	国家级
崔家营湿地公园	汉江	襄阳市	41.30	省级
丰城玉龙河湿地公园	赣江	宜春市、南昌市	213.50	省级
龙女湖湿地公园	嘉陵江	广安市	12.29	省级
九道湾湿地公园	湘江	长沙市	7.17	—

5. 水库

识别水库：名称、规模、涉及行政区、面积、岸段起止坐标、作用等（表 3-19）。

表 3-19　长江主要支流水库识别统计表

序号	河段名称	名称	规模	行政区	面积/hm²	岸段起止坐标	作用	库容量	备注
1									
2									
3									
……									

长江主要支流涉及的水库包括乌江渡水库和丹江口水库（表 3-20）。

表 3-20　长江主要支流水库名录

名称	所属支流	行政区域	规模	涉及岸线长度/km	库容量
乌江渡水库	乌江	毕节市、贵阳市、遵义市	大型水库	26.51	23 亿 m³
丹江口水库	汉江	十堰市	大型水库	321.02	290.5 亿 m³

6. 重要饮用水水源地

长江主要支流重要饮用水水源地 95 处，其中江西省 17 处、湖北省 24 处、湖南省 13 处、重庆市 22 处、贵州省 1 处、四川省 18 处（表 3-21，表 3-22）。

表 3-21　长江主要支流饮用水水源地统计表

省份	城市	序号	县（市、区）	所属支流	水源地名称	水源地所在地	饮用水编码	服务城镇	取水口名称（水厂名称）	取水口坐标		保护区范围					
										经度	纬度	一级保护区		二级保护区		准保护区	
												水域	陆域	水域	陆域	水域	陆域

表 3-22　长江支流主要饮用水水源地名录

省份	城市	序号	县（市、区）	所属支流	水源地名称
江西省	南昌市	1	东湖区	赣江	南昌下正街水厂取水口
		2	西湖区		南昌朝阳水厂取水口
		3	西湖区		南昌市青云水厂
		4	新建县		南昌红角洲水厂
	宜春市	5	丰城市		丰城第一、第二水厂
		6	樟树市		樟树市水厂
	吉安市	7	新干县		水源地
		8	吉水县		城西水厂
		9	吉水县		吉水县城老水厂
		10	吉水县		城南水厂
		11	青原区		河东水厂
		12	吉州区		阳明水厂
		13	吉州区		吉福水厂
		14	吉州区		五岳观水厂
		15	泰和县		泰和县文田水厂
		16	泰和县		泰和澄江水厂
		17	万安县		万安县水厂
湖北省	武汉市	18	武昌区	汉江	国棉水厂
		19	硚口区		宗关水厂
		20	汉阳区		琴断口水厂
		21	东西湖区		余氏墩水厂
		22	东西湖区		白鹤嘴水厂
		23	蔡甸区		蔡甸水厂
		24	东西湖区		东西湖水厂
	孝感市	25	汉川市		两河泵站
		26	汉川市		汉江水源地
	仙桃市	27	仙桃市		仙桃汉江 2 号水源地
		28	仙桃市		仙桃市三厂水源地
		29	仙桃市		水源地

续表

省份	城市	序号	县（市、区）	所属支流	水源地名称
湖北省	潜江市	30	潜江市	汉江	潜江市泽口码头水源地
		31	潜江市		潜江红旗码头水源地
	荆门市	32	沙洋县		沙洋县集中水源地
		33	钟祥市		钟祥市饮用水水源地
	襄阳市	34	宜城市		水源地
		35	宜城市		饮用水水源地
		36	樊城区		饮用水水源地
		37	襄城区		饮用水水源地
		38	樊城区		水源地
		39	谷城县		国家湿地公园
		40	老河口市		饮用水水源地
		41	老河口市		堤防保护岸线
湖南省	岳阳市	42	汨罗市	湘江	县城供水水源地
	长沙市	43	望城区		水源地
		44	开福区		长沙市第五水厂水源地
		45	天心区		第一水厂水源地
		46	天心区		湘江大堤天心区段
	湘潭市	47	湘潭县		饮用水源保护区
	株洲市	48	天元区		株洲市第二水厂、第三水厂水源地
		49	芦淞区		饮用水源保护区
	衡阳市	50	衡山县		衡山县水源地
		51	雁峰区		雁峰区自来水水源地
		52	衡南县		衡南县自来水水源地
		53	祁阳县		饮用水水源地
	永州市	54	冷水滩区		饮用水水源地
贵州省	铜仁市	55	沿河县	乌江	淇滩饮用水水源地
重庆市		56	涪陵区	乌江	江东水厂水源地
		57	涪陵区		蒿枝坝水厂水源地
		58	涪陵区		动力水厂
		59	渝中区	嘉陵江	大溪沟水厂水源地
		60	江北区		江北水厂水源地

续表

省份	城市	序号	县（市、区）	所属支流	水源地名称
重庆市		61	渝中区		大溪沟水厂水源地
		62	江北区		长安水厂
		63	江北区		梁沱水厂
		64	沙坪坝区		井口水厂
		65	渝北区		悦来水厂
		66	北碚区		水土水厂
		67	北碚区		北碚水厂
		68	北碚区		大沱口水厂
		69	北碚区	嘉陵江	嘉禾水厂
		70	北碚区		澄江水厂
		71	北碚区		水源地
		72	合川区		翔晟水厂
		73	合川区		翔晟水厂
		74	合川区		水源地
		75	合川区		水源地
		76	合川区		利泽水厂
		77	合川区		古楼水厂
四川省	广安市	78	武胜县		水源地
	南充市	79	嘉陵区		水源地
		80	高坪区		河西水源地
		81	高坪区		南充市水源地
		82	高坪区		南充市水厂
		83	蓬安县	嘉陵江	蓬安县自来水厂
		84	仪陇县		仪陇新镇水源地
		85	南部县		水源地
		86	阆中市		水源地
	广元市	87	苍溪县		水源地
		88	广元市		水源地
	宜宾市	89	屏山县	岷江	水源地

续表

省份	城市	序号	县（市、区）	所属支流	水源地名称
四川省	乐山市	90	犍为县	岷江	水源地
		91	沙湾区		水源地
		92	市中区		水源地
	成都市	93	双流区		水源地
	攀枝花	94			水源地
	宜宾市	95	屏山县		水源地

7. 生物多样性优先保护区

　　长江主要支流涉及的生物多样性优先保护区包括湘、鄂、渝、黔山地，洞庭湖地区，南岭地区，岷山－横断山北段，横断山南段，鄱阳湖地区 6 个。每个优先保护区的特点及选择的原因如表 3-23 所示。

表 3-23　长江主要支流生物多样性优先保护区名录

名称	所属支流	行政区域	涉及岸线长度/km	特点	选择原因
湘、鄂、渝、黔山地	乌江	铜仁市、重庆市	672.71	物种丰富，特有种多，有许多残遗种的分布，是东亚植物区系中华中植物区系分布的核心地段	数据分析，专家知识
洞庭湖地区	湘江	岳阳市	185.86	珍稀水禽及湿地生态系统，是白鳍豚、江豚、中华鲟、麋鹿的生境	数据分析，专家知识，已有成果
南岭地区	湘江	永州市	7.27	亚热带常绿阔叶林生态系统集中分布区，物种丰富，特有种多，东亚植物区系中华/华东/华南区系交汇处	数据分析，专家知识
岷山－横断山北段	岷江	阿坝藏族羌族自治州、成都市	550.09	古北极和古热带植物成分过渡交汇之地，物种丰富，特有种多，被誉为"哺乳动物祖先分化的发源地"，植被垂直带分布明显，从亚热带森林一直到雪线，河谷有稀树灌丛草原分布，小熊猫/大熊猫主要集中在这里，滇金丝猴主要分布在这	数据分析，专家知识

续表

名称	所属支流	行政区域	涉及岸线长度/km	特点	选择原因
横断山南段	岷江	乐山市	9.74	古北极和古热带植物成分过渡交汇之地，物种丰富，特有种多，被誉为"哺乳动物祖先分化的发源地"，植被垂直带分布明显，从亚热带森林一直到雪线，河谷有稀树灌丛草原分布，小熊猫/大熊猫主要集中在这里，滇金丝猴主要分布在这	数据分析，专家知识
鄱阳湖地区	赣江	南昌市、九江市	93.30	典型湖泊、河湖湿地生态系统，白鹤等越冬珍禽栖息地	数据分析，专家知识

3.2.2　岸线生态环境敏感性评估分析

参考《中华人民共和国自然保护区条例》《风景名胜区条例》《地质遗迹保护管理规定》《湿地保护管理》《长江岸线保护和开发利用总体规划》等印发文件中关于生态敏感区的相关规定和管制措施，结合专家打分以及已有的研究成果，对各类型生态敏感区不同分区进行打分。其中，国家级自然保护区的核心区、缓冲区、实验区、外围区分别赋值5、4、4、4分；国家级水产种质资源保护区的核心区、实验区、外围区分别赋值5、4、4分；国家级风景名胜区的核心区和外围区分别赋值5、5分；国家地质公园赋值5分；国家森林公园赋值5分；国家湿地公园5分；水库赋值5分；省级风景名胜区赋值4分；省级湿地公园赋值4分；生物多样性优先保护区赋值5分；饮用水水源地一级保护区、二级保护区赋值5分（表3-24）。

表 3-24　长江主要支流岸线生态环境敏感性分值测算标准

类型	分区	分值
国家级自然保护区	核心区、缓冲区、实验区、外围区	5、4、4、4
国家级水产种质资源保护区	核心区、实验区、外围区	5、4、4
国家级风景名胜区	核心区、外围区	5、5
国家地质公园	—	5
国家森林公园	—	5
国家湿地公园	—	5
水库	—	5
省级风景名胜区	—	4

续表

类型	分区	分值
省级湿地公园	—	4
生物多样性优先保护区	—	5
饮用水水源地保护区	一级保护区、二级保护区	5、5

　　依据生态敏感性评分，采用自然间断点分级法将长江主要支流岸线划分为不敏感、轻度敏感、中度敏感、重度敏感和极度敏感 5 个等级。其中，将敏感性分值大于等于 8 的岸段划分为极度敏感等级，分值为 6～7 的岸段划分为重度敏感等级，分值为 4～5 的岸段划分为中度敏感等级，分值为 2～3 的岸段划分为轻度敏感等级，分值为 0～1 的岸段划分为不敏感等级（表 3-25）。

表 3-25　长江主要支流岸线生态环境敏感性等级划定标准

敏感程度类型	不敏感	轻度敏感	中度敏感	重度敏感	极度敏感
敏感性分值	≤1	2～3	4～5	6～7	≥8

3.3　重点湖泊岸线资源生态敏感性评价技术

　　对于长江经济带重点湖泊岸线，选取国家级自然保护区（核心区/缓冲区/实验区/外围区）、省级自然保护区（核心区/缓冲区/实验区/外围区）、县级自然保护区、国家级水产种质资源保护区（核心区/实验区/外围区）、饮用水水源地保护区、国家湿地公园、自然洲滩、河口敏感区和水生植被带等生态敏感区，构建湖泊岸线生态环境敏感性评估指标体系及敏感性等级划定标准，一定程度上克服了岸线资源保护的水陆协调瓶颈，凸显了岸线资源的水域陆域交界带的特征；不仅考虑水域自然保护区与水产保护区，同时创新性地加入了自然滩地保护要素，加强湖泊岸线资源的水生动物、水产资源栖息地和繁育场特征，综合考量岸线资源在生态保护、饮水安全、景观价值等方面的综合生态功能。结合广泛调研与专家访谈，对岸线生态环境敏感因子进行权重赋值，并对生态环境敏感性不同分值岸段进行敏感程度等级划分。

3.3.1　岸线生态环境敏感目标识别

　　长江经济带重点湖泊岸线生态环境敏感目标从国家级自然保护区（核心区/

缓冲区/实验区/外围区)、省级自然保护区(核心区/缓冲区/实验区/外围区)、县级
自然保护区、国家级水产种质资源保护区(核心区/实验区/外围区)、饮用水水源
地保护区、国家湿地公园、自然洲滩、河口敏感区和水生植被带等生态敏感区等
方面开展识别。

1. 自然保护区

识别自然保护区:名称、类型(森林生态/野生动物/内陆湿地等)、级别、
涉及行政区、建立时间、面积、主管部门、主要保护对象、岸段起止坐标等
(表 3-26)。

表 3-26　湖泊岸线自然保护区识别统计表

序号	河段名称	保护区名称	类型	级别	行政区	建立时间	面积/hm²	主管部门	保护对象	岸段起止坐标	备注
1											
2											
3											
……											

　　湖泊岸线涉及自然保护区包括鄱阳湖候鸟自然保护区、鄱阳湖南矶湿地自然
保护区、鄱阳湖长江江豚自然保护区、鄱阳湖河蚌自然保护区、都昌候鸟自然保
护区、东洞庭湖自然保护区、西洞庭湖自然保护区、南洞庭湖湿地水禽自然保护
区、横岭湖自然保护区、洪湖自然保护区、湖北梁子湖湿地自然保护区、南昌三
湖自然保护区、瑶湖自然保护区、白沙洲自然保护区、共青城南湖湿地自然保护
区、姑塘候鸟自然保护区、星子蓼花池湿地自然保护区、屏峰县级自然保护区、
湖口苍鹭自然保护区、荷溪湿地自然保护区、苍山洱海自然保护区、凤阳鹭鸶自
然保护区、蝴蝶泉自然保护区。

2. 水产种质资源保护区

识别水产种质资源保护区:名称、类型(森林生态/野生动物/内陆湿地等)、
级别、涉及行政区、建立时间、面积、主要保护对象、岸段起止坐标等(表 3-27)。

表 3-27　湖泊岸线水产种质资源保护区识别统计表

序号	河段名称	保护区名称	类型	级别	行政区	建立时间	总面积	核心区面积	特别保护期	主要保护对象	岸段起止坐标	备注
1												
2												
3												
……												

湖泊岸线涉及的水产种质资源保护区有：太湖银鱼翘嘴红鲌秀丽白虾国家级水产种质资源保护区、太湖青虾中华绒螯蟹国家级水产种质资源保护区、太湖梅鲚河蚬国家级水产种质资源保护区、鄱阳湖鳜鱼翘嘴红鲌国家级水产种质资源保护区、东洞庭湖鲤鲫黄颡国家级水产种质资源保护区、南洞庭湖银鱼三角帆蚌国家级水产种质资源保护区、南洞庭湖大口鲶青虾中华鳖国家级水产种质资源保护区、南洞庭湖草龟中华鳖国家级水产种质资源保护区、洞庭湖口铜鱼短颌鲚国家级水产种质资源保护区、东洞庭湖中国圆田螺国家级水产种质资源保护区、梁子湖武昌鱼国家级水产种质资源保护区、滇池国家级水产种质资源保护区、抚仙湖特有鱼类国家级水产种质资源保护区等。

3. 重要饮用水水源地

长江经济带重点湖泊重要饮用水水源地 22 处，其中太湖 8 处、巢湖 1 处、洞庭湖 3 处、鄱阳湖 5 处、洱海 5 处（表 3-28）。

表 3-28　各湖泊饮用水水源地保护区名录

湖泊	饮用水水源地保护区名称
太湖	无锡市太湖贡湖沙渚水源地、无锡市太湖贡湖锡东水源地、苏州市太湖渔洋山水源地、苏州市太湖寺前水源地、吴江区太湖庙港水源地、吴江区太湖北亭子港水源地、常熟市尚湖水源地、昆山市傀儡湖水源地
巢湖	三水厂取水口
洞庭湖	岳阳县新墙水库饮用水水源保护区、常德市安乡县松滋河中支饮用水水源保护区、益阳市沅江市白沙长河小河咀饮用水水源保护区
洪湖、梁子湖	无
鄱阳湖	星子饮用水水源地保护区、湖口饮用水水源地保护区、都昌饮用水水源地保护区、吴城饮用水水源地保护区、鄱阳饮用水水源地保护区
洱海	洱海二水厂、洱海凤仪水厂、洱海六水厂、洱海三水厂、洱海一水厂
滇池和抚仙湖	无

4. 国家湿地公园

重点湖泊主要涉及国家湿地公园如表 3-29 所示。

表 3-29　各湖泊国家级湿地公园名录

湖泊	国家湿地公园名称
太湖	江苏苏州太湖湖滨国家湿地公园、江苏无锡长广溪国家湿地公园、江苏苏州太湖国家湿地公园、江苏太湖三山岛国家湿地公园、江苏无锡蠡湖国家湿地公园
鄱阳湖	江西东鄱阳湖国家湿地公园
滇池	云南晋宁南滇池国家湿地公园

5. 自然洲滩

自然滩地作为自然岸线最重要的组成部分，具有重要的生态环境功能。鄱阳湖和洞庭湖是我国水位变幅最大的两个大型通江湖泊，其洲滩湿地是河相沉积和湖相沉积相互作用形成的水陆交替的生态景观。洲滩湿地发育了种类多样的湿生植被，是鱼类资源和候鸟种群的重要栖息地，具有重要生态功能和保护价值。两湖由于人类活动的干扰，例如围垦活动、水利工程、城镇扩张等，洲滩湿地植物群落的自然演替过程的连续性遭到严重破坏，呈现支离破碎的景观面貌。两湖的保护和资源的可持续利用至关重要。经统计，鄱阳湖和洞庭湖自然洲滩岸线总长分别为 382.29km 和 285.80km，岸线自然洲滩湿地保有率分别仅为 26.59%和42.55%。鄱阳湖的自然洲滩主要分布在南部，洞庭湖自然洲滩主要分布在北部。

6. 河口

河流入湖口是河流与湖泊的交界地段，入湖河口的岸线利用与保护关系到长江的生态环境安全，特别是部分重要的河口（湖口）是珍稀水生动物洄游通道，对河口（湖口）人类活动的约束与管控有利于维护生态通道的畅通。河口岸线具有重要的生态功能价值，同时生态环境极其敏感。

7. 水生植被带

湖泊滨岸缓冲带是指湖泊-陆地交界处的两边，直至湖水影响消失为止的地带，是介于河溪和高地植被之间的生态过渡带（中国科学院南京地理与湖泊研究所，2015）。滨岸缓冲带处于水陆生境的过渡地带，既受到陆地生态系统的影响，又受到水体的影响，具有明显的边缘效应，其重要标志之一是上覆盖有密集的水生植被。基于遥感影像解译结果，对 9 个重点湖泊滨岸缓冲带水生植被覆盖情况统计如表 3-30 所示，可见重点湖泊岸线中，无水生植被带覆盖的岸线长度为 1094.1km，占湖泊岸线总长的 28.7%，有水生植被带覆盖的岸线长 2724.4km，其中少量水生植被带覆盖的占比 36.4%，较多水生植被带覆盖的占比 34.9%。

表 3-30 各湖泊滨岸缓冲带水生植被覆盖情况

湖泊	岸线长度/km			岸线占比/%		
	无水生植被带	少量水生植被	较多水生植被	无水生植被带	少量水生植被	较多水生植被
巢湖	28.47	151.19	21.94	14.12	75.00	10.88
太湖	188	212.18	129.15	35.52	40.08	24.40
鄱阳湖	561.85	324.23	552	39.07	22.55	38.38
洞庭湖	84.49	218.75	368.45	12.58	32.57	54.85
洪湖	0	90.45	52.1	0	63.45	36.55
梁子湖	112.25	204.77	137.6	24.69	45.04	30.27
滇池	65.39	37.04	43.91	44.68	25.31	30.01
洱海	18.66	100.59	20.21	13.38	72.13	14.49
抚仙湖	34.95	50.07	9.93	36.81	52.73	10.46

3.3.2 岸线生态环境敏感性评估分析

构建自然保护区、水产种质资源保护区、重要饮用水水源地、水生植被带等的评估指标体系及敏感性等级划定标准（表 3-31）。将敏感性分值大于等于 12 的岸段划分为极度敏感等级，分值为 9～11 的岸段划分为重度敏感等级，分值为 6～8 的岸段划分为中度敏感等级，分值为 3～5 的岸段划分为轻度敏感等级，分值为 0～2 的岸段划分为不敏感等级（表 3-32，表 3-33）。

表 3-31 岸线生态环境敏感性因子赋值

类型	分区	敏感性分值
自然保护区（国家级）	核心区	
	缓冲区	
	实验区	
自然保护区（省级）	核心区	
	缓冲区	
	实验区	

续表

类型	分区	敏感性分值
自然保护区（县级）	—	
国家级水产种质资源保护区	核心区	
	实验区	
饮用水水源地	—	
国家湿地公园	—	
自然洲滩	—	
河口	—	
水生植被带	较多	
	少量	
	无	
……	……	

表 3-32　岸线生态环境敏感性因子赋值（含参考值）

类型	分区	敏感性分值
自然保护区（国家级）	核心区	5
	缓冲区	4
	实验区	3
自然保护区（省级）	核心区	3
	缓冲区	2
	实验区	1
自然保护区（县级）	—	1
国家级水产种质资源保护区	核心区	3
	实验区	1
饮用水水源地	—	3
国家湿地公园	—	2
自然洲滩	—	2
河口	—	2
水生植被带	较多	2
	少量	1
	无	0

表 3-33　岸线生态环境敏感性等级划定标准

敏感程度类型	不敏感	轻度敏感	中度敏感	重度敏感	极度敏感
敏感性分值	≤2	3~5	6~8	9~11	≥12

3.4　海岸线资源生态敏感性评价技术

根据海岸线特点，选取自然保护区（核心区/缓冲区/实验区/外围区）、重要渔业品种保护区、河口岸段、风景名胜区及风暴潮、台风等灾害频发岸段等生态敏感区，构建岸线生态环境敏感性评估指标体系及敏感性等级划定标准，结合德尔菲法，对长江经济带沿海岸线开展综合评估。

依据生态敏感性评分，采用自然间断点分级法将海岸线划分为不敏感、轻度敏感、中度敏感、重度敏感、极度敏感 5 个等级。

3.4.1　岸线生态环境敏感目标识别

1. 自然保护区与重要湿地岸线

自然保护区与重要湿地岸线生态价值较大，具有重要的生态环境调节功能，对人类开发活动极其敏感，需要重点予以保护。长江经济带海岸线涉及的自然保护区及重要湿地见表 3-34。

表 3-34　自然保护区与重要湿地岸线目录

序号	名称	所在城市	面积/km²
1	沿海滩涂重要湿地	南通	4.89
2	启东长江口（北支）湿地省级自然保护区	南通	39.24
3	近岸海域重要湿地	南通	25.49
4	赣榆沙质海岸重要湿地	连云港	0.69
5	灌云县东滩湿地	连云港	0.16
6	江苏沿海自然保护区（沿海湿地珍禽保护）	盐城	15.78
7	定海五峙山自然保护区	舟山	8.49
8	韭山列岛海洋生态自然保护区	宁波	77.42
9	南麂列岛自然保护区	温州	78.15
10	崇明东滩鸟类国家级自然保护区	上海	201.98
11	北湖湿地	上海	20.83

续表

序号	名称	所在城市	面积/km²
12	九段沙湿地国家级自然保护区	上海	269.19
13	西沙湿地	上海	7.17
14	长江口中华鲟自然保护区	上海	777.57
15	金山三岛自然保护区	上海	11.50
16	杭州湾国家湿地公园	宁波	17.99
17	湿地保护区	宁波	40.50
18	漩门湾国家湿地公园	台州	25.79
19	沿海珍禽国家级自然保护区	盐城	115.91
20	大丰麋鹿国家级自然保护区	盐城	65.79
21	崇明岛国家地质公园	上海	3.77
22	吴淞炮台湿地森林公园	上海	0.60
23	上海海湾国家森林公园	上海	9.45
24	明月湖湿地公园	宁波	1.91

2. 重要渔业品种保护区岸线

沿海地区重要鱼类产卵场、国家级水产种质资源保护区均具有重要生态价值，对人类活动影响反应较为敏感。长江经济带海岸线涉及重要渔业品种保护区见表 3-35。

表 3-35　重要渔业品种保护区岸线目录

序号	名称	所在城市	面积/km²
1	如东县北部重要渔业水域	南通	25.73
2	如东县南部重要渔业水域	南通	68.86
3	大戢洋产卵场保护区	舟山	272.96
4	马鞍列岛	舟山	2007.56
5	岱衢洋产卵场保护区	舟山	170.44
6	舟山渔场产卵场保护区	舟山	2422.37
7	韭山列岛产卵场保护区	宁波	1873.91
8	渔山列岛产卵场保护区	宁波	994.57
9	大陈洋产卵场保护区	台州	832.45
10	温台渔场产卵场保护区	温州	1247.02
11	官山岛产卵场保护区	温州	52.36

序号	名称	所在城市	面积/km²
12	七星岛产卵场保护区	温州	828.74
13	乐清湾泥蚶国家级水产种质资源保护区	温州	0.62
14	象山港蓝点马鲛国家级水产种质资源保护区	舟山	33.83
15	大竹蛏西施舌国家级水产种质资源保护区	连云港	35.08
16	海州湾中国对虾国家级水产种质资源保护区	连云港	197.06
17	蒋家沙竹根沙泥螺文蛤国家级水产种质资源保护区	盐城	174.14

3. 风景名胜保护区岸线

沿海地区的风景名胜保护区具有重要人文与景观价值，也具有重要的生态功能价值，生态环境较为敏感，需要加以保护。长江经济带海岸线涉及风景名胜保护区见表 3-36。

表 3-36　风景名胜保护区岸线目录

序号	名称	所在城市	面积/km²
1	龙湾海滨景区	台州	0.68
2	天岙石林风景区	宁波	6.58
3	雁荡山风景区	温州	271.93
4	石湾风景区	温州	16.26
5	炎亭景区	温州	3.76
6	小洋口风景区	南通	0.68
7	黄金海滩风景区	南通	0.32
8	圆陀角风景区	南通	0.49
9	上海滨江森林公园	上海	1.15
10	上海滨海森林公园	上海	9.97
11	九龙山风景区	嘉兴	7.02
12	洋沙山风景区	宁波	0.24
13	红岩风景区	宁波	3.02
14	东海半边山风景区	宁波	0.85
15	阳光海岸风景区	宁波	0.14

4. 洪水调蓄区岸线

沿海洪水调蓄区域主要包括江苏沿海堤防生态公益林区、淮河入海水道（滨海县）洪水调蓄区、新沂河洪水调蓄区等。

5. 重要河口岸线

入海河口是水文、水生动物交互的重要岸段与区域，具有重要的生态价值；同时入海口亦是流域水体污染物汇入大海的关键节点，具有重要的环境管控意义。河口岸线的利用与保护关系到沿海地区的生态环境安全，特别是部分重要的河口是珍稀水生动物洄游通道，对河口人类活动的约束与管控有利于维护生态通道的畅通。河口岸线具有重要的生态功能价值，同时生态环境极其敏感。长江经济带海岸线涉及的重要河口岸线见表 3-37。

表 3-37　重要河口岸线目录及岸线利用状况表

序号	河口名称	所处省份	所处城市	入海口左岸岸线类型	入海口右岸岸线类型	长度/km
1	海盐塘河口	浙江	嘉兴	城镇生活岸线	砂砾质岸线	0.25
2	长山河口	浙江	嘉兴	淤泥质岸线	淤泥质岸线	0.31
3	瓯江南汊河口	浙江	温州	淤泥质岸线	养殖围堤岸线	4.56
4	飞云江河口	浙江	温州	养殖围堤岸线	工业生产岸线	4.84
5	岩溪河口	浙江	温州	淤泥质岸线	淤泥质岸线	0.72
6	曹娥江河口	浙江	绍兴	淤泥质岸线	淤泥质岸线	2.60
7	健跳河口	浙江	台州	淤泥质岸线	其他人工岸线	1.02
8	浦坝港河口	浙江	台州	工业生产岸线	养殖围堤岸线	1.64
9	坞沙门河口	浙江	台州	养殖围堤岸线	养殖围堤岸线	0.79
10	清江河口	浙江	温州	淤泥质岸线	淤泥质岸线	1.02
11	甬江河口	浙江	宁波	港口码头岸线	工业生产岸线	0.50
12	伍山河口	浙江	宁波	养殖围堤岸线	养殖围堤岸线	2.39
13	大溪河口	浙江	宁波	农田围堤岸线	养殖围堤岸线	1.13
14	清溪河口	浙江	宁波	养殖围堤岸线	养殖围堤岸线	3.41
15	椒江河口	浙江	台州	淤泥质岸线	淤泥质岸线	4.62
16	鳌江河口	浙江	温州	基岩岸线	淤泥质岸线	2.81
17	算山河口	浙江	宁波	工业生产岸线	工业生产岸线	0.17
18	大嵩江河口	浙江	宁波	工业生产岸线	养殖围堤岸线	0.20
19	瓯江北汊河口	浙江	温州	养殖围堤岸线	淤泥质岸线	2.60
20	卫国河口	浙江	嘉兴	工业生产岸线	工业生产岸线	0.50

序号	河口名称	所处省份	所处城市	入海口左岸岸线类型	入海口右岸岸线类型	长度/km
21	金清港河口	浙江	台州	基岩岸线	基岩岸线	0.45
22	团结河河口	上海	上海	淤泥质岸线	农田围堤岸线	0.86
23	大治河河口	上海	上海	养殖围堤岸线	农田围堤岸线	1.34
24	黄浦江河口	上海	上海	淤泥质岸线	淤泥质岸线	0.76
25	川杨河河口	上海	上海	淤泥质岸线	淤泥质岸线	0.16
26	金汇港河口	上海	上海	淤泥质岸线	城镇生活岸线	0.52
27	南竹港河口	上海	上海	淤泥质岸线	工业生产岸线	0.54
28	龙泉港河口	上海	上海	淤泥质岸线	淤泥质岸线	0.16
29	苏北灌溉总渠河口	江苏	盐城	盐田围堤岸线	盐田围堤岸线	1.13
30	运粮河河口	江苏	盐城	养殖围堤岸线	养殖围堤岸线	0.19
31	射阳河河口	江苏	盐城	淤泥质岸线	盐田围堤岸线	1.21
32	四卯酉河河口	江苏	盐城	养殖围堤岸线	养殖围堤岸线	0.46
33	青口河河口	江苏	连云港	淤泥质岸线	养殖围堤岸线	0.27
34	川东港河口	江苏	盐城	养殖围堤岸线	淤泥质岸线	0.59
35	岔洋河河口	江苏	南通	淤泥质岸线	淤泥质岸线	0.31
36	管庄河河口	江苏	连云港	淤泥质岸线	其他人工岸线	0.12
37	双洋港河口	江苏	盐城	盐田围堤岸线	养殖围堤岸线	0.25
38	龙王河河口	江苏	连云港	养殖围堤岸线	淤泥质岸线	0.22
39	灌河河口	江苏	盐城	工业生产岸线	农田围堤岸线	1.09
40	滨河河口	江苏	连云港	养殖围堤岸线	养殖围堤岸线	0.12
41	蔷薇河河口	江苏	连云港	养殖围堤岸线	养殖围堤岸线	0.41
42	排淡河河口	江苏	连云港	养殖围堤岸线	养殖围堤岸线	0.25
43	复堆河河口	江苏	连云港	养殖围堤岸线	养殖围堤岸线	0.35
44	新洋港河口	江苏	盐城	农田围堤岸线	农田围堤岸线	0.58
45	东台河河口	江苏	盐城	养殖围堤岸线	养殖围堤岸线	0.48
46	北陵新闸河口	江苏	南通	淤泥质岸线	养殖围堤岸线	0.60
47	掘苴河河口	江苏	南通	淤泥质岸线	淤泥质岸线	0.16
48	遥望港河口	江苏	南通	淤泥质岸线	淤泥质岸线	1.47
49	通启运河河口	江苏	南通	淤泥质岸线	淤泥质岸线	0.06
50	绣针河河口	江苏	连云港	其他人工岸线	其他人工岸线	0.10
51	龙北干渠河口	江苏	连云港	工业生产岸线	工业生产岸线	0.07
52	连兴河河口	江苏	南通	其他人工岸线	其他人工岸线	0.11
53	韩口河河口	江苏	连云港	淤泥质岸线	淤泥质岸线	0.24
54	烧香河河口	江苏	连云港	养殖围堤岸线	养殖围堤岸线	0.15

序号	河口名称	所处省份	所处城市	入海口左岸岸线类型	入海口右岸岸线类型	长度/km
55	刘圩港河河口	江苏	连云港	养殖围堤岸线	淤泥质岸线	0.31
56	中山河河口	江苏	盐城	盐田围堤岸线	盐田围堤岸线	0.77
57	斗龙港河口	江苏	盐城	淤泥质岸线	养殖围堤岸线	0.13
58	王港河河口	江苏	盐城	养殖围堤岸线	其他人工岸线	0.47
59	梁垛河河口	江苏	盐城	养殖围堤岸线	淤泥质岸线	1.10
60	如泰运河河口	江苏	南通	淤泥质岸线	养殖围堤岸线	0.22

3.4.2　岸线生态环境敏感性评估分析

构建自然保护区（包括重要湿地）、重要渔业品种保护区、河口岸段与洪水调蓄区、风景旅游区、风暴潮（台风）灾害频发区、其余岸段的评估指标体系及敏感性等级划定标准。将敏感性分值大于等于 8 的岸段划分为极度敏感等级，分值为 6～7 的岸段划分为重度敏感等级，分值为 4～5 的岸段划分为中度敏感等级，分值为 2～3 的岸段划分为轻度敏感等级，分值为 0～1 的岸段划分为不敏感等级（表 3-38，表 3-39）。

表 3-38　海岸线生态环境敏感性因子赋值

准则层	指标	划分等级	敏感性分值
	自然保护区（包括重要湿地）	极度敏感	8
	重要渔业品种保护区、河口岸段与洪水调蓄区	重度敏感	6～7
生态敏感性	风景旅游区	中度敏感	4～5
	风暴潮（台风）灾害频发区	轻度敏感	2～3
	其余岸段	不敏感	0～1

表 3-39　海岸线生态环境敏感性等级划定标准

敏感程度类型	不敏感	轻度敏感	中度敏感	重度敏感	极度敏感
敏感性分值	≤1	2～3	4～5	6～7	≥8

第4章　岸线资源空间管控分类技术

4.1　岸线资源空间管控类型划分

岸线资源空间管控分类是岸线资源保护–开发的关键技术（段学军等，2019b；闵敏等，2019；邹辉等，2019）。岸线资源空间管控划分如下类型，技术思路见图4-1。

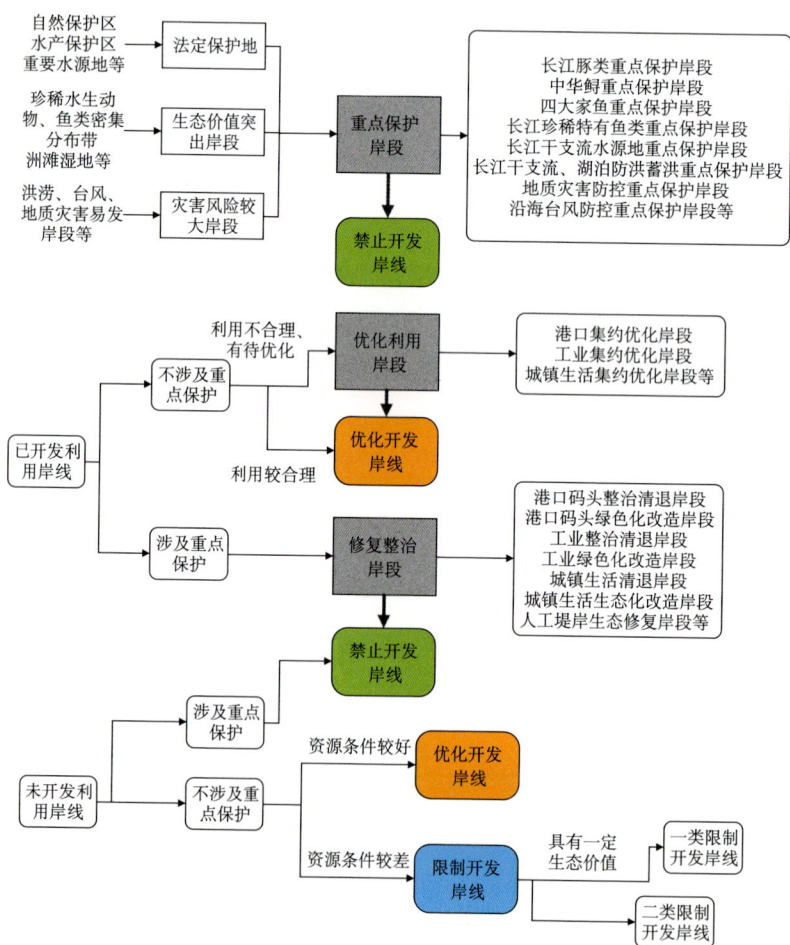

图 4-1　长江经济带岸线资源分类管控划定技术路线

禁止开发岸线：生态红线、各类保护区、河势敏感区、风景名胜区内部，重要枢纽上下游、饮用水水源地和取水口上游，以及具有重要生态功能和保护价值的自然岸线等。

优化开发岸线：已开发利用岸线及开发利用适宜性较好、可适度开发利用的岸线区域。应严格按照相关规划和"有增有减、岸尽其用、节约集约、绿色开发"原则，充分考虑与附近已有涉水工程间的相互影响，科学合理布局，有序实施清退，及时开展修复，提升功能效率，最大限度发挥岸线利用综合效益。

限制开发岸线：禁止开发和优化开发岸线之外的区域。应在严格开展生态环境影响评估、开发利用适宜性评价基础上，按照相关规划，进行适度开发利用，严格控制开发利用强度，鼓励绿色、安全、集约化开发方式，切实做好工程防护和生态管护。

4.2 长江干流岸线资源空间分类技术标准

4.2.1 分类管控划定

基于长江干流岸线开发利用现状、岸线资源本底开发利用条件、岸线资源生态敏感性，对岸线资源进行综合评价与功能分区（图4-2，表4-1～表4-3）。

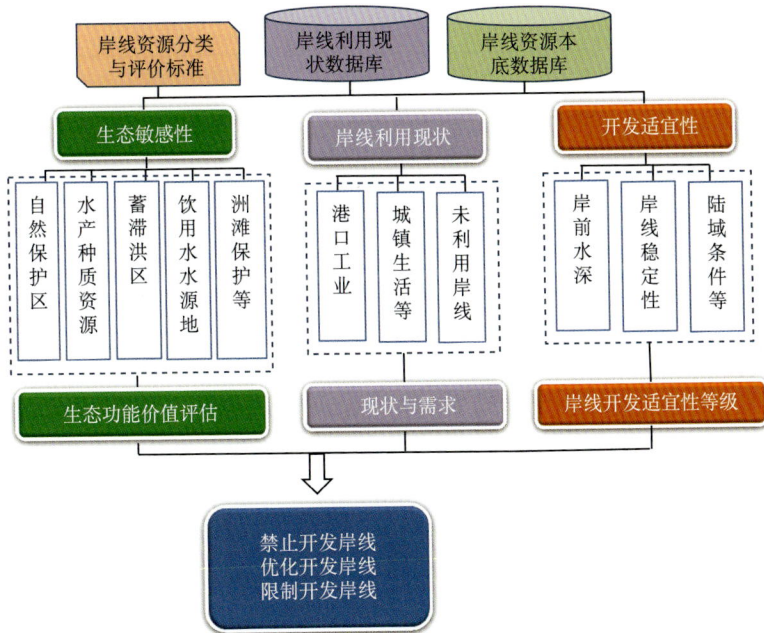

图 4-2 长江干流岸线空间管控分区技术流程

表 4-1　长江干流岸线资源空间管控分区划定技术表

功能划定	开发适宜性	生态敏感性	现状类型	拟考虑和研究方向
禁止开发岸线				轻度敏感以上岸段划定为禁止开发岸线,包含国家级自然保护区、省级自然保护区核心区和缓冲区涉及岸段、国家水产种质资源保护区核心区涉及岸段、重要蓄滞洪区涉及岸段、饮用水水源地涉及岸段、自然滩地和洲滩湿地岸段及其他生态敏感目标空间重叠岸段,旨在有针对性、全面地保护具有重要生态价值的岸线资源
优化开发岸线				已开发利用岸线(人工岸线)中生态价值不高的岸段划定为优化开发岸线,旨在充分保障生态价值岸线的基础上促进岸线资源存量优化
限制开发岸线				其余生态价值和经济价值皆不突出的岸线划定为限制开发岸线,严格限制开发强度和方式

表 4-2　长江干流岸线功能划分步骤

步骤	开发适宜性等级	生态敏感性分值	现状类型	功能划定
步骤 1	不限	$\geq n$	不限	禁止开发岸线
步骤 2	不限	$<n$	人工岸线	优化开发岸线
步骤 3	$\leq m$	0	自然岸线	优化开发岸线
步骤 4	不限	$n-1$	不限	限制开发岸线(I级,限制较严格)
步骤 5	不限	不限	不限	限制开发岸线(II级,限制较宽松)

注:步骤 2 在步骤 1 划定岸线后剩余的岸线中进行判断,后续步骤依次类推。

表 4-3　长江干流岸线功能划分步骤(含参考值)

步骤	开发适宜性等级	生态敏感性分值	现状类型	功能划定
步骤 1	不限	≥ 2	不限	禁止开发岸线
步骤 2	不限	<2	人工岸线	优化开发岸线
步骤 3	≤ 2	0	自然岸线	优化开发岸线
步骤 4	不限	1	不限	限制开发岸线(I级,限制较严格)
步骤 5	不限	不限	不限	限制开发岸线(II级,限制较宽松)

注:步骤 2 在步骤 1 划定岸线后剩余的岸线中进行判断,后续步骤依次类推。

对不同类型的功能岸段进行分类统计(表 4-4,表 4-5)。

表 4-4　长江干流不同行政单元岸线资源功能分区统计表

不同行政单元	岸线长度/km			岸线比例/%		
	禁止开发岸线	优化开发岸线	限制开发岸线	禁止开发岸线	优化开发岸线	限制开发岸线
××省/市/县						
××省/市/县						
××省/市/县						
……						
总计						

表 4-5　长江干流不同岸段岸线资源功能分区统计表

不同岸段	岸线长度/km			岸线比例/%		
	禁止开发岸线	优化开发岸线	限制开发岸线	禁止开发岸线	优化开发岸线	限制开发岸线
××至××岸段						
××至××岸段						
××至××岸段						
……						
总计						

4.2.2　重点岸段划定

　　重点管控岸段分为重点保护岸段、优化利用岸段、整治修复岸段。重点保护岸段包括刀鲚等水产种质资源重点保护岸段、防洪蓄洪重点保护岸段、水源地重点保护岸段、长江干流江心洲重点保护岸段、长江干流四大家鱼重点保护岸段、长江干流洲滩湿地重点保护岸段、长江口湿地重点保护岸段、长江上游消落带重点保护岸段、长江上游珍稀特有鱼类重点保护岸段、长江豚类重点保护岸段、中华鲟重点保护岸段等（表 4-6）。优化利用岸段包括化工码头风险控制岸段、化工重点优化岸段、深水浅用工业优化利用岸段、小散乱码头集约利用、修造船厂重点优化岸段（表 4-7）。整治修复岸段包括滨江公园生态化改造修复重点岸段、城镇滨岸生态修复重点岸段、大中型港口码头绿色化改造及中远期清退整治重点岸段、化工清退集中入园整治修复重点岸段、人工围滩整治修复重点岸段、小散乱及砂石码头清退整治修复重点岸段、修造船厂清退修复整治重点岸段（表 4-8）。

表 4-6　长江经济带干流重点保护岸段

岸段名称	涉及省（市）	涉及市（地）	岸线长度/km	保护重点
刀鲚等水产种质资源重点保护岸段				重要水产种质资源的主要生长繁育区域
防洪蓄洪重点保护岸段				防洪安全
水源地重点保护岸段				饮用水安全
长江干流江心洲重点保护岸段				江心洲湿地及水生动物密集活动区域
长江干流四大家鱼重点保护岸段				四大家鱼主要生长繁育区域
长江干流洲滩湿地重点保护岸段				洲滩湿地水生动物栖息地及自然水陆交互带
长江口湿地重点保护岸段				长江口重要湿地
长江上游消落带重点保护岸段				消落带自然水陆交互及临水山地生态
长江上游珍稀特有鱼类重点保护岸段				珍稀特有鱼类栖息地
长江豚类重点保护岸段				豚类栖息地及密集分布岸段
中华鲟重点保护岸段				中华鲟洄游繁殖栖息地

表 4-7　长江经济带干流优化利用岸段

岸段名称	涉及省（市）	涉及市（地）	岸线长度/km	优化利用重点
化工码头风险控制岸段				化工码头
化工重点优化岸段				化工园区
深水浅用工业优化利用岸段				提升深水岸线利用效率
小散乱码头集约利用				小散乱码头集约化、规模化
修造船厂重点优化岸段				修造船厂集约化、规模化

表 4-8 长江经济带干流整治修复岸段

岸段名称	涉及省（市）	涉及市（地）	岸线长度/km	整治修复重点
滨江公园生态化改造修复重点岸段				整治公园破坏湿地
城镇滨岸生态修复重点岸段				整治城镇滨岸带过度人工化
大中型港口码头绿色化改造及中远期清退整治重点岸段				港口码头侵占保护区及重要生态岸段
化工清退集中入园整治修复重点岸段				化工临江布局威胁水生动物栖息地安全
人工围滩整治修复重点岸段				人工围滩破坏湿地生态
小散乱及砂石码头清退整治修复重点岸段				小散乱码头侵占
修造船厂清退修复整治重点岸段				修造船厂侵占

4.3 主要支流岸线资源空间分类技术标准

4.3.1 分类管控划定

基于岸线资源本底、开发利用现状与环境生态存在问题和岸线保护需要，充分衔接相关岸线规划及已有成果，对岸线资源进行综合评价与功能分区，划定禁止开发岸线、优化开发岸线与限制开发岸线三类岸线空间管控区（图 4-3）。

1. 禁止开发岸线

禁止开发岸线划分有以下几类情况：

（1）饮用水水源地一级保护区、二级保护区等为保障供水安全划定的区域内所涉岸段；

（2）省级及以上自然保护区核心区、缓冲区、部分实验区内所涉岸段；

（3）国家水产种质资源保护区核心区、部分实验区内所涉岸段；

（4）重要湿地、森林公园、国家级风景名胜区、重点生态公益林、沿海防护林等区域范围内，为满足生态保护需要的部分区域内所涉岸段；

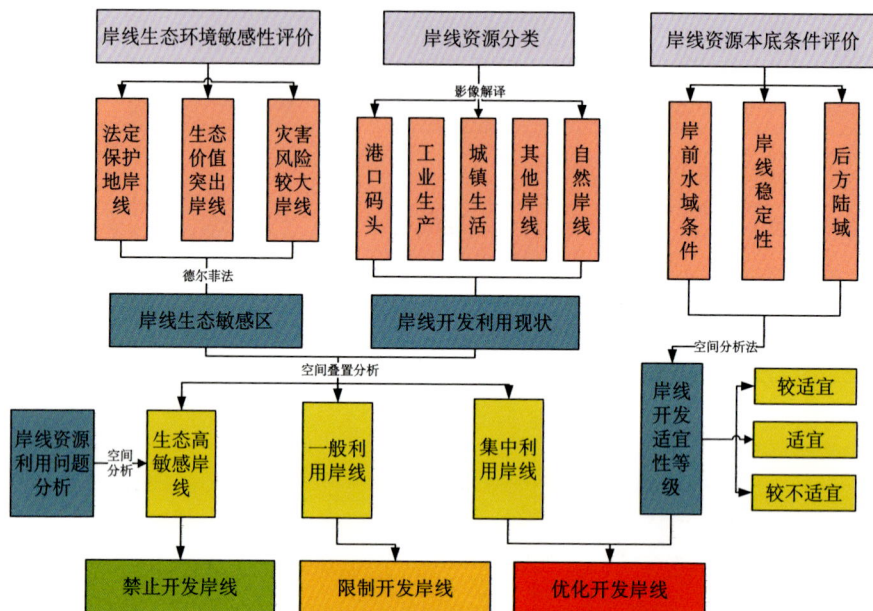

图 4-3　长江主要支流岸线空间管控分区技术路线

（5）自然形态保持较好、生态功能重要与资源价值显著的自然岸线或自然形态保持基本完好、生态功能与资源价值较高、开发利用程度较低的岸段。

2. 优化开发岸线

优化开发岸线划分有以下几类情况：

（1）岸线优先保护区之外，工业企业临岸密集分布的岸线区段；

（2）岸线优先保护区之外，港口码头临岸密集分布的岸线区段；

（3）岸线优先保护区之外，河势基本稳定、岸线利用条件较好、人工化程度较高的或者规划开发利用的岸线，但岸线开发利用对生态环境、防洪安全以及河势稳定等具有一定影响的岸段。

3. 限制开发岸线

禁止开发岸线和优化开发岸线之外的岸线。

根据管控分区类型和划定的技术路线，长江主要支流的管控分区划定标准如表 4-9 所示。

表 4-9　长江主要支流管控分区划定标准

管控分区	具体管控类型	岸线利用现状	岸线开发适宜性评价	生态敏感性评价
禁止开发岸线	法定保护地核心区	法定保护区岸段		≥5
	生态敏感度较高的岸段			≥3
	灾害风险较大的岸段		≤3	
	洲滩湿地	自然交互岸线	<6	
优化开发岸线	生态敏感性较低及岸线资源条件较好	自然交互岸线	≥6	<3
	已集中连片开发利用岸线	人工岸线	>3	<3
限制开发岸段	禁止开发和优化开发岸线之外的区域			

对不同功能类型岸段进行统计（表 4-10，表 4-11）。

表 4-10　长江主要支流不同行政区单元岸线资源功能分区统计表

不同行政单元	岸线长度/km			岸线比例/%		
	禁止开发岸线	优化开发岸线	限制开发岸线	禁止开发岸线	优化开发岸线	限制开发岸线
××省/市/县						
××省/市/县						
××省/市/县						
……						
总计						

表 4-11　长江主要支流不同岸段岸线资源功能分区统计表

不同岸段	岸线长度/km			岸线比例/%		
	禁止开发岸线	优化开发岸线	限制开发岸线	禁止开发岸线	优化开发岸线	限制开发岸线
××至××岸段						
××至××岸段						
××至××岸段						
……						
总计						

4.3.2 重点岸段划定

重点管控岸段分为重点保护岸段、优化利用岸段、整治修复岸段。重点保护岸段包括湿地重点保护岸段、水产种质资源重点保护岸段、自然保护区重点保护岸段、水库重点岸段、风景名胜区重点岸段、地质公园重点保护岸段、水源地重点保护岸段、生物多样性重点保护岸段、岸线开发风险岸段（表 4-12）。优化利用岸段包括港口码头优化利用岸段、化工重点优化岸段、小散乱码头集约利用岸段（表 4-13）。整治修复岸段包括城镇滨岸生态修复重点岸段、大中型港口码头绿色化改造及中远期清退整治重点岸段、化工清退集中入园整治修复重点岸段、小散乱及砂石码头清退整治修复重点岸段、岸线风险区清退整治修复重点岸段（表 4-14）。

表 4-12　长江经济带主要支流重点保护岸段

岸段名称	涉及支流	涉及省（市）	涉及市（地）	涉及保护地	岸线长度/km	保护重点
湿地重点保护岸段						重要湿地自然水陆交互带及水生动植物集中分布区域
水产种质资源重点保护岸段						重要水产种质资源的主要生长繁育区域、四大家鱼主要生长繁育区域、珍稀特有鱼类栖息地
自然保护区重点保护岸段						代表性的自然生态系统、珍稀濒危野生动植物物种的天然集中分布区域
森林公园重点保护岸段						
水库重点岸段						防洪、蓄水灌溉、供水安全
风景名胜区重点岸段						特殊意义的自然遗迹和生态环境
地质公园重点保护岸段						地质遗迹景观和生态环境
水源地重点保护岸段						饮用水安全
生物多样性重点保护岸段						重要湿地自然水陆交互带及特有珍稀动植物集中分布区
岸线开发风险岸段						严禁港口、工业、城镇过度开发，保持水陆自然交互特征

表 4-13　长江经济带主要支流优化利用岸段

岸段名称	涉及支流	涉及省（市）	涉及市（地）	岸线长度/km	优化利用重点
港口码头优化利用岸段					提升深水岸线利用效率
化工重点优化岸段					化工企业入园
小散乱码头集约利用岸段					小散乱码头集约化、规模化

表 4-14　长江经济带主要支流整治修复岸段

岸段名称	涉及支流	涉及省（市）	涉及市（地）	岸线长度/km	整治修复重点
城镇滨岸生态修复重点岸段					整治城镇滨岸带过度人工化
大中型港口码头绿色化改造及中远期清退整治重点岸段					港口码头侵占保护区及重要生态岸段
化工清退集中入园整治修复重点岸段					化工临江布局威胁水生动物栖息地安全
小散乱及砂石码头清退整治修复重点岸段					小散乱码头侵占
岸线风险区清退整治修复重点岸段					严禁港口、工业、城镇过度开发，保持水陆自然交互特征

4.4　重点湖泊岸线资源空间分类技术标准

4.4.1　分类管控划定

基于长江经济带重点湖泊岸线开发利用现状、岸线资源本底开发利用条件、岸线资源生态敏感性，对岸线资源进行综合评价与功能分区（图 4-4，表 4-15～表 4-17）。

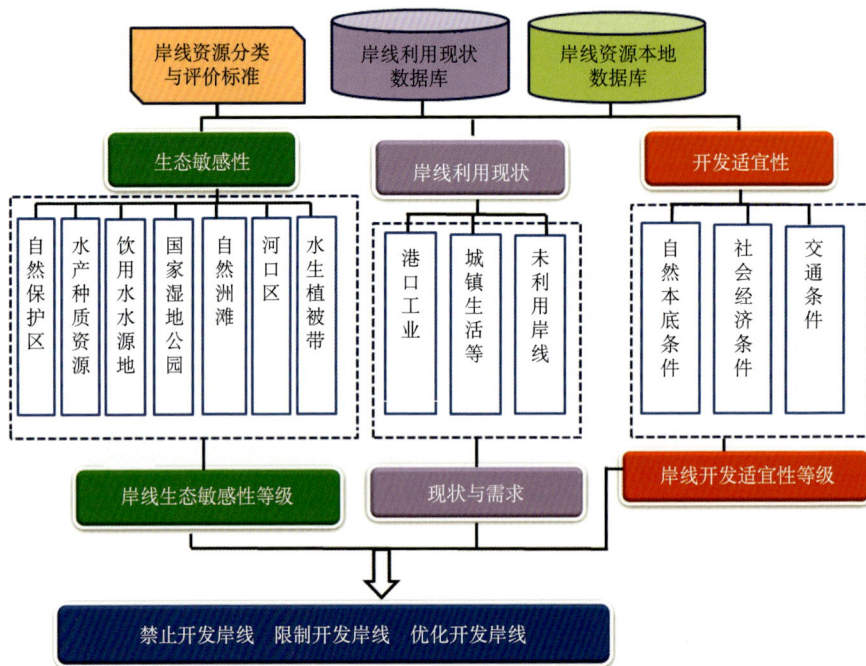

图 4-4　重点湖泊岸线空间管控分区技术路线

表 4-15　重点湖泊岸线资源空间管控分区划定技术表

功能划定	开发适宜性	生态敏感性	现状类型	拟考虑和研究方向
禁止开发岸线				轻度敏感以上岸段划定为禁止开发岸线，包含国家级自然保护区、省级自然保护区核心区和缓冲区涉及岸段、县级自然保护区、国家水产种质资源保护区核心区涉及岸段、国家湿地公园、饮用水水源地涉及岸段、自然滩地和洲滩湿地岸段及其他生态敏感目标空间重叠岸段、河口敏感区和水生植被带，旨在有针对性、全面地保护具有重要生态价值的岸线资源
优化开发岸线				已开发利用岸线（人工岸线）中生态价值不高的岸段划定为优化开发岸线，旨在充分保障生态价值岸线的基础上促进岸线资源存量优化
限制开发岸线				其余生态价值和经济价值皆不突出的岸线划定为限制开发岸线，严格限制开发强度和方式

表 4-16　长江经济带重点湖泊岸线功能划分步骤

步骤	开发适宜性等级	生态敏感性分值	现状类型	功能划定
步骤 1	不限	$\geq n$	不限	禁止开发岸线
步骤 2	不限	$< n$	人工岸线	优化开发岸线

续表

步骤	开发适宜性等级	生态敏感性分值	现状类型	功能划定
步骤 3	≤m	0	自然岸线	优化开发岸线
步骤 4	不限	$n-1$	不限	限制开发岸线（I 级，限制较严格）
步骤 5	不限	不限	不限	限制开发岸线（II 级，限制较宽松）

注：步骤 2 在步骤 1 划定岸线后剩余的岸线中进行判断，后续步骤依次类推。

表4-17　长江经济带重点湖泊岸线功能划分步骤（含参考值）

步骤	开发适宜性等级	生态敏感性分值	现状类型	功能划定
步骤 1	不限	≥6	不限	禁止开发岸线
步骤 2	不限	<6	人工岸线	优化开发岸线
步骤 3	≤1	0	自然岸线	优化开发岸线
步骤 4	不限	3～5	不限	限制开发岸线（I 级，限制较严格）
步骤 5	不限	0～2	不限	限制开发岸线（II 级，限制较宽松）

注：步骤 2 在步骤 1 划定岸线后剩余的岸线中进行判断，后续步骤依次类推。

对不同功能类型岸线进行分类统计（表 4-18，表 4-19）。

表4-18　长江经济带不同湖泊岸线资源功能分区统计表

不同湖泊	岸线长度/km			岸线比例/%		
	禁止开发岸线	优化开发岸线	限制开发岸线	禁止开发岸线	优化开发岸线	限制开发岸线
××湖						
××湖						
××湖						
……						
总计						

表4-19　长江经济带不同岸段岸线资源功能分区统计表

不同岸段	岸线长度/km			岸线比例/%		
	禁止开发岸线	优化开发岸线	限制开发岸线	禁止开发岸线	优化开发岸线	限制开发岸线
××至××岸段						
××至××岸段						

不同岸段	岸线长度/km			岸线比例/%		
	禁止开发岸线	优化开发岸线	限制开发岸线	禁止开发岸线	优化开发岸线	限制开发岸线
××至××岸段						
……						
总计						

4.4.2　重点岸段划定

重点管控岸段分为重点保护岸段、优化利用岸段、整治修复岸段。重点保护岸段包括各级自然保护区重点保护岸段、国家级水产种质资源保护区重点保护岸段、水源地重点保护岸段、国家湿地公园重点保护岸段、重要洲滩湿地重点保护岸段、河口敏感区重点保护岸段、重要水生植被带保护岸段等（表 4-20）。优化利用岸段包括城镇集约化建设岸段、旅游资源集约化利用岸段、风景名胜重点利用岸段、特色农业生产-加工一体化集约利用岸段、散乱居民点优化岸段（表4-21）。整治修复岸段包括湖滨公园生态化改造修复重点岸段、城镇滨岸生态修复重点岸段、大中型工业企业改造及中远期清退整治重点岸段、化工清退集中入园整治修复重点岸段、人工围滩整治修复重点岸段、小散乱及砂石码头清退整治修复重点岸段、酒店饭店清退修复整治重点岸段（表4-22）。

表 4-20　长江经济带重点湖泊重点保护岸段

岸段名称	涉及省（市）	涉及市（地）	岸线长度/km	保护重点
南矶湿地等国家级自然保护区重点保护岸段				候鸟栖息地
鳡鱼翘嘴红鲌等种质资源重点保护岸段				重要水产种质资源的主要生长繁育区域
水源地重点保护岸段				饮用水安全
国家级湿地公园重点保护岸段				湿地及水生动物密集活动区域
自然洲滩				两湖洲滩湿植被
河流入湖敏感区				河口重要湿地
水生植被带				湖滨水生植被

表 4-21　长江经济带重点湖泊优化利用岸段

岸段名称	涉及省（市）	涉及市（地）	岸线长度/km	优化利用重点
城镇集约化建设岸段				城镇建设
旅游资源集约化利用岸段				旅游资源
风景名胜重点利用岸段				城市居民游憩地
特色农业生产-加工一体化集约利用岸段				特色农业及配套加工业
散乱居民点优化岸段				居民点集约化布局

表 4-22　长江经济带重点湖泊整治修复岸段

岸段名称	涉及省（市）	涉及市（地）	岸线长度/km	整治修复重点
湖滨公园生态化改造修复重点岸段				整治公园破坏湿地
城镇滨岸生态修复重点岸段				整治城镇滨岸带过度人工化
大中型工业企业改造及中远期清退整治重点岸段				工业企业侵占保护区及重要生态岸段
化工清退集中入园整治修复重点岸段				化工临江布局威胁水生动物栖息地安全
人工围滩整治修复重点岸段				人工围滩破坏湿地生态
小散乱及砂石码头清退整治修复重点岸段				小散乱码头侵占
酒店饭店清退修复整治重点岸段				酒店饭店侵占

4.5 海岸线资源空间分类技术标准

4.5.1 分类管控划定

1. 海岸线管控分区的划分原则

（1）海岸线管控分区划分应正确处理开发与保护之间的关系，做到开发利用与保护并重，确保自然保护、洪水调蓄区、水产种质资源保护以及沿岸生态得到有效保护，促进海岸线的可持续利用，保障沿岸地区经济-社会-生态的协调发展。

（2）海岸线管控分区划分应与已有的洪水调蓄分区、海洋功能分区、自然生态分区等区划相协调。

（3）海岸线管控分区划分应统筹考虑城市建设与发展、航道规划与港口建设以及地区经济社会发展等方面的需求。

（4）海岸线管控分区划分应本着因地制宜、实事求是的原则，充分考虑沿海岸线自然生态属性，以及冲淤特性及航道岸线的稳定性，并结合行政区划分界，进行科学划分，保证海岸线功能区划分的合理性。

2. 岸线管控分区的划分方法

1）禁止开发岸线

研究范围内禁止开发岸线划分有以下几类情况：

（1）沿海省级及以上自然保护区核心区、缓冲区、部分实验区内所涉岸段；

（2）沿海国家水产种质资源保护区核心区、部分实验区内所涉岸段；

（3）沿海重要湿地、森林公园等生态功能保护，国家级风景名胜区的核心景区等范围内，为满足生态保护需要的部分区域内所涉岸段。

2）优化开发岸线

沿海岸线地质条件基本稳定、海岸线利用条件较好，但海岸线开发利用对洪水调蓄区、风暴潮（台风）灾害频发区以及生态环境保护区具有一定影响的岸段。

3）限制开发岸线

考虑现有岸线开发利用程度及限制条件，研究范围内岸线控制利用区划分有以下几类情况：

（1）开发利用对洪水调蓄、航道稳定、规避风暴潮（台风）灾害、航道稳定可能造成不利影响，需要控制其开发利用强度的区域内所涉海岸线；

（2）沿海险工险段、重要涉海工程及设施、生态（重要湿地）敏感区、地质灾害易发区等需要控制其开发利用方式的区域内所涉海岸线；

（3）沿海省级及以上自然保护区、国家级水产种质资源保护区的部分实验区，沿海国家级风景名胜区等范围内，需要控制其开发利用方式的部分区域内所涉海岸线。

4.5.2　海岸线空间管控措施

基于对海岸线利用现状及面临问题的分析，结合划定的海岸线空间管控区段，对各类海岸线空间管控区提出具体管控要求，如空间布局、污染物排放、资源开发利用等禁止和限制的分类准入要求。并对照分区结果与海岸线利用现状，识别重点保护、重点优化利用与重点整治修复三类重点岸段，提出调整及优化建议。

1. 禁止开发岸线

禁止开发岸线的岸线管控目标为区内重要生态资源保护，该类型岸段岸线应以"保护优先"为出发点，原则上禁止一切影响及妨碍生态环境保护与航道安全的开发利用行为。基本管控要求如下：

（1）应对本类型区内，尤其是自然保护区、贴近海洋水产种质资源保护区范围内的排污口进行整改，采取迁建、拆除、关闭或强化整治等措施。

（2）最大限度保留原有自然生态系统，保护沿海重要湿地生境，禁止未经法定许可占用水域及自然湿地等生态空间。切实加强对自然保护区的监督管理，严格核心区、缓冲区内人类活动管控，已侵占的要限期予以恢复。

（3）禁止新建、扩建、改建三类工业项目，现有或在建项目应在控制规模、不得增加污染负荷的前提下，限期治理并有计划地清理或迁出该区，且应制定有关生态保护和恢复治理方案并予以实施。

2. 优化开发岸线

优化开发岸线的岸线管控目标为水生态与行洪安全，其管理重点为统筹协调，集约利用，合理布局，严格执行相关法律法规及管理条例，以实现岸线资源的科学合理的开发利用。基本管控要求如下：

（1）执行严格的产业准入标准，提高环境风险行业准入门槛，加强石化、化工、医药、纺织、印染、化纤、危化品和石油类仓储、涉重金属和危险废物等重点企业环境风险评估与监控，严格控制敏感水体周边高风险项目布局；完善沿海化工园区污水管网建设及污废水处理能力，严格控制污染物排放总量，保证污染物稳定达标排放，同时完善企业及园区环境风险防范与应急处理预案。

（2）优先在沿海存量岸线上实现集约利用，合理规划与整合现有港口群；整治复绿无手续的非法码头和不符合环保规定的码头，开展港口与航道生态恢复和修复，建设生态航道、绿色港口。

3. 限制开发岸线

限制开发岸线的岸线管控目标为洪水调蓄安全与沿海生态环境，其管理重点是严格控制建设项目类型，或控制其开发利用强度，强调控制和指导，以实现沿海岸线的合理开发与集约利用。基本管控要求如下：

（1）根据实际需要合理规划布局城镇功能组团，除国家重大战略项目外，停止一般性的新增围填海项目审批，高效利用存量海岸线资源；

（2）严格控制新建有明显不利影响的危险化学品码头、排污口、电厂排水口等项目，严格污水控制与管理；

（3）加强岸段区域内防护绿地与生态空间建设，在最低程度影响河道自然形态和海洋生态（环境）功能的前提下，进行沿海景观及风貌带建设，严控海洋公园过度硬化破坏重要湿地生态。

4.5.2　重点岸段识别

重点管控岸段分为重点保护岸段、优化利用岸段、整治修复岸段。通过综合岸线利用现状、岸线开发适宜性及生态敏感性三方面评价分析，对长江经济带海岸线进行重点保护岸段、优化利用岸段与整治修复岸段的重点岸段识别，具体重点岸段详见表 4-23～表 4-25。

表 4-23　长江经济带海岸线重点保护岸段

序号	岸段名称	涉及省(市)	涉及市(地)	岸线长度/km	保护重点	存在风险和问题	保护措施
1	自然保护区岸段				沿海重点生物物种与生态湿地的保护	人类活动干扰破坏生物栖息地，大规模围垦沿海滩涂湿地	岸线 1km 范围内严禁港口、工业开发，防止堤岸过度人工化，保持水陆自然交互特征
2	河口保护岸段				河口景观形态、河口重要湿地的保护	港口码头、工业与城镇等人类活动侵占河口岸线	禁止河口周边岸段开发，保护河流生态与河道天然景观形态

续表

序号	岸段名称	涉及省(市)	涉及市(地)	岸线长度/km	保护重点	存在风险和问题	保护措施
3	防洪蓄洪重点保护岸段				防洪安全	防洪通道侵占	防洪通道上下游1km严禁占用,蓄洪岸段1km内严禁开发
4	重要渔业品种保护区岸段				重要海洋水产种质资源的主要生长繁育区域	港口建设临近渔业品种保护区	岸线1km范围内严禁港口、工业开发,防止堤岸过度人工化,保持水陆自然交互特征

表 4-24　长江经济带海岸线优化利用岸段

序号	岸段名称	涉及省(市)	涉及市(地)	岸线长度/km	优化利用重点	主要措施
1	港口码头岸线				港口码头	港口航道调整,避让水产种质保护区
2	港口码头岸线				港口码头	港口逐渐调整至周边的洋口港
3	集约利用岸段				集约化、规模化	码头整合及规范化升级,提高工业生产岸线的开发利用效率
4	港口码头岸线				风险规避	控制开发强度,整治并逐步退出

表 4-25　长江经济带海岸线整治修复岸段

序号	岸段名称	涉及省(市)	涉及市(地)	岸线长度/km	岸线长度/km	整治修复重点	整治修复措施
1	滨海湿地生态化修复重点岸段					整治位于海岸重要湿地范围内的养殖围垦区域	停止继续围垦,整治并逐步退出已围垦区
2	城镇滨岸生态修复重点岸段					整治公园破坏重要生态湿地	生态公园、湿地公园生态化改造
3	滨海高敏感性岸段的生态修复整治					整治工业、城镇岸段对高敏感岸段的占用	逐步减少人类生活活动与工业生产活动

4.6　岸线资源分类管控图件编制规范

图件编绘要求：标出图廓、方里网、图名、指北针、比例尺、坐标系、投影方式等，并标出制图单位与时间。

基本要素：岸线管控分类分色表达、图例、指北针、比例尺（图4-5，表4-26，表4-27）。

可添加底图要素：遥感底图、地形图、街道地图。

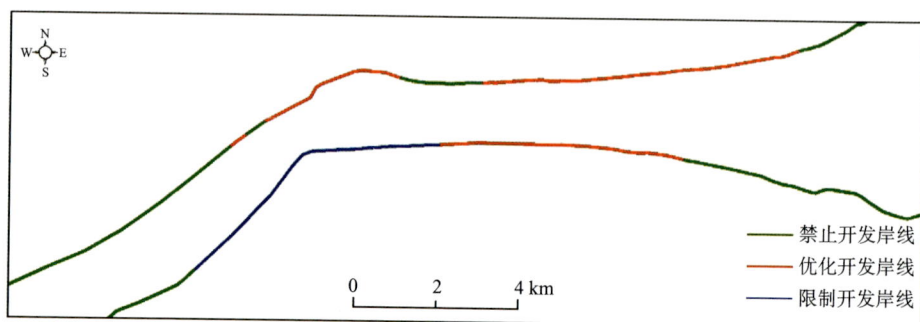

图4-5　岸线资源分类管控图件示意图

表4-26　岸线资源管控类型颜色标准（三类）

分类	分类名称	分类颜色	颜色RGB	图例
1	禁止开发岸线		(56, 167, 0)	
2	优化开发岸线		(250, 52, 17)	
3	限制开发岸线		(0, 113, 253)	

表4-27　岸线资源管控类型颜色标准（四类）

分类	分类名称	分类颜色	颜色RGB	图例
1	禁止开发岸线		(56, 167, 0)	
2	优化开发岸线		(250, 52, 17)	
3	I级限制开发岸线		(0, 113, 253)	
4	II级限制开发岸线		(117, 164, 223)	

参 考 文 献

蔡运龙. 2011. 自然资源学原理[M]. 北京: 科学出版社.

曹卫东, 曹有挥, 吴威, 等. 2008. 长江巢湖段岸线资源评价与港口发展研究[J]. 人文地理, (3): 64-68.

曹卫东, 曹玉红, 曹有挥, 等. 2006a. 安徽无为县长江岸线资源评价与开发研究[J]. 安徽师范大学学报(自然科学版), (6): 586-590.

曹卫东, 曹玉红, 曹有挥, 等. 2006b. 内河岸线资源评价与开发研究——以安徽巢湖市域长江岸线为例[J]. 资源开发与市场, (5): 411-414.

曹有挥, 蒋自然, 陈欢, 等. 2015. 长江沿岸港口体系的形成过程与机制[J]. 地理科学进展, 34(11): 1430-1440.

陈诚, 甄云鹏. 2014. 江苏省长江岸线资源利用变化及合理性分析[J]. 自然资源学报, 29(4): 633-642.

陈欢, 陈雯, 曹有挥, 等. 2015. 江苏苏中 3 市的沿江岸线资源开发利用变化及驱动因素[J]. 长江流域资源与环境, 24(5): 711-718.

陈雯. 1996. 长江沿江城市建设及其地质环境、岸线资源条件分析[J]. 现代城市研究, (3): 23-26.

段学军, 邹辉. 2016. 长江岸线的空间功能、开发问题及管理对策[J]. 地理科学, 36(12): 1822-1833.

段学军, 曹有挥, 王晓龙, 等. 2018. 长江岸线资源调查技术规程[M]. 北京: 科学出版社.

段学军, 陈雯, 朱红云, 等. 2006. 长江岸线资源利用功能区划方法研究——以南通市域长江岸线为例[J]. 长江流域资源与环境, 15(5): 621-626.

段学军, 王晓龙, 徐昔保, 等. 2019a. 长江岸线生态保护的重大问题及对策建议[J]. 长江流域资源与环境, 28(11): 2641-2648.

段学军, 虞孝感, 邹辉. 2015. 长江经济带开发构想与发展态势[J]. 长江流域资源与环境, 24(10): 1621-1629.

段学军, 邹辉, 陈维肖, 等. 2019b. 岸线资源评估、空间管控分区的理论与方法——以长江岸线资源为例[J]. 自然资源学报, 34(10): 2209-2222.

付元宾, 杜宇, 王权明, 等. 2014. 自然海岸与人工海岸的界定方法[J]. 海洋环境科学, 33(4): 615-618.

黄家柱. 1999. 遥感与地理信息系统技术在长江下游江岸稳定性评价中的应用[J]. 地理科学, 19(6): 521-524.

李新国, 江南, 王红娟, 等. 2005. 近 30 年来太湖流域湖泊岸线形态动态变化[J]. 湖泊科学, (4): 294-298.

梁双波, 曹有挥. 2018. "大保护"视角下长江支流岸线资源规划利用实践: 以芜湖市为例[M]. 南京: 东南大学出版社.

梁双波, 刘玮辰, 曹有挥, 等. 2019. 长江港口岸线资源利用及其空间效应[J]. 长江流域资源与环境, 28(11): 2671-2679.

林晨, 闵敏, 段学军, 等. 2019. 基于多源异构数据集的长江经济带岸线资源综合管理平台研发[J]. 长江流域资源与环境, 28(11): 2690-2701.

林静柔, 唐丹玲, 高杨, 等. 2019. 珠海市海岸线分类及开发利用的遥感分析[J]. 海洋开发与管理, (3): 69-75.

罗彬. 2010. 合理利用长江岸线资源的思考[J]. 中国港口, (4): 46-48.

马荣华, 杨桂山, 陈雯, 等. 2004. 长江江苏段岸线资源评价因子的定量分析与综合评价[J]. 自然资源学报, 19(2): 176-182, 273.

马荣华, 杨桂山, 朱红云, 等. 2003. 长江苏州段岸线资源利用遥感调查与 GIS 分析评价[J]. 自然资源学报, (6): 666-671, 781-782.

闵敏, 段学军, 邹辉, 等. 2019. 长江主要支流岸线资源综合评价及管控分区研究[J]. 长江流域资源与环境, 28(11): 2657-2671.

潘坤友, 曹有挥, 梁双波. 2013. 行政区划调整背景下芜湖市岸线资源的时空演变与优化[J]. 长江流域资源与环境, 22(4): 418-425.

施少华, 林承坤, 杨桂山. 2002a. 长江中下游河道与岸线演变特点[J]. 长江流域资源与环境, (1): 69-73.

施少华, 杨桂山, 林承坤. 2002b. 长江中下游河道岸线的整治与开发利用[J]. 地理科学, (6): 700-704.

王传胜. 1999. 长江中下游岸线资源的保护与利用[J]. 资源科学, 21(6): 66-69.

王传胜. 2000. 长江中下游岸线资源评价[D]. 北京: 中国科学院.

王传胜. 2002. 长江中下游岸线资源的特征及其开发利用[J]. 地理学报, 57(6): 639-700.

王红娟, 姜加虎, 李新国. 2006. 岱海湖泊岸线形态变化研究[J]. 长江流域资源与环境, (5): 674-677.

王雅竹, 段学军. 2019. 生态红线划定方法及其在长江岸线中的应用[J]. 长江流域资源与环境, 28(11): 2681-2690.

杨桂山, 施少华, 王传胜, 等. 1999. 长江江苏段岸线利用与港口布局[J]. 长江流域资源与环境, 8(1): 17-22.

尹静秋. 2004. 基于 GIS 的长江江苏段岸线资源演变研究[D]. 南京: 南京师范大学.

虞孝感. 1997. 长江产业带的建设与发展研究[M]. 北京: 科学出版社.

张谦益. 1998. 海港城市岸线利用规划若干问题探讨[J]. 城市规划, (2): 50-52.

张云, 宋德瑞, 张建丽, 等. 2019. 近 25 年来我国海岸线开发强度变化研究[J]. 海洋环境科学, 38(2): 251-257.

郑弘毅. 1991. 江苏连云港市海洋开发基地建设[J]. 经济地理, (4): 50-54.

中国科学院南京地理与湖泊研究所. 2005. 安徽省岸线开发功能分区[R]. 南京: 中国科学院南京地理与湖泊研究所.

中国科学院南京地理与湖泊研究所. 2007. 九江市岸线资源评价与开发利用[R]. 南京: 中国科学院南京地理与湖泊研究所.

中国科学院南京地理与湖泊研究所. 2015. 湖泊调查技术规程[M]. 北京: 科学出版社.

朱红云, 杨桂山, 万荣荣, 等. 2005. 港口布局中的岸线资源评价与生态敏感性分析——以长江干流南京段为例[J]. 自然资源学报, 20(6): 851-858.

邹辉, 段学军, 陈维肖. 2019. 长江自然岸线分类划定、空间分布及保护状况研究[J]. 长江流域资源与环境, 28(11): 2649-2656.